Zurück zum Start

Was die frühen Christen uns zu sagen hätten

David W. Bercot

Bibliografische Information der Deutschen Nationalbibliothek:
Die Deutsche Nationalbibliothek verzeichnet diese Publikation in der Deutschen Nationalbibliografie; detaillierte bibliografische Daten sind im Internet über www.dnb.de abrufbar.

© 2015 Alexander Basnar

Herstellung und Verlag:
BoD – Books on Demand, Norderstedt

ISBN: 978-3-7347-4883-7

Titel der Originalausgabe

„Will the Real Heretics Please Stand Up"

David W. Bercot, 3. Auflage 1999
Scroll Publishing, PA, USA

Übersetzung: Dana Basnar

2. korrigierte Auflage

Titelbild:

Jean-Léon Gérôme – The Christian Martyrs' Last Prayer

Quelle: http://commons.wikimedia.org/wiki/File:Jean-Léon_Gérôme_-_The_Christian_Martyrs'_Last_Prayer_-_Walters_37113.jpg

„Da ich, geliebter Marcianus, Deine Bereitwilligkeit zum Wandel im Dienste Gottes kenne, der allein die Menschen zum ewigen Leben führt, bin ich mit Dir voll Freude und bete für Dich, daß Du den Glauben unerschrocken bewahren und dadurch Gott gefallen mögest. Möchte es uns doch beschieden sein, stets beisammen zu weilen, einander zu helfen und die Mühseligkeit des irdischen Lebens zu erleichtern durch täglichen Austausch segensreicher Gedanken! Sind wir nun aber dem Leibe nach gegenwärtig voneinander getrennt, so wollen wir uns gleichwohl nicht abhalten lassen, so weit es möglich ist, schriftlich zu verkehren. Zu Deiner Befestigung im Glauben möchten wir Dir in Kürze zeigen, wie die Wahrheit verkündigt wurde. Wir senden Dir diese Darstellung als eine Erinnerung über die Grundlehren. Mögest Du an ihrer Hand aus einigen wenigen Stücken vieles erreichen und an dem wenigen alle Glieder am Leibe der Wahrheit erkennen."

Irenäus († um 200)
Erweis der apostolischen Verkündigung

F|D| Für die
G|C| Gemeinden
     Christi

„Für die Gemeinden Christi" ist ein Eigenverlag zur Publikation christlicher Lehrinhalte für die Gemeinden Christi, d.h. für alle, die Christus aus reinem Herzen nachfolgen wollen.

Kontakt: alex.basnar@telering.at

Inhalt

Vorwort der Übersetzerin	7
1. Der Gefangene	11
2. Wer waren die frühen Christen?	16
3. Bürger eines anderen Reiches	30
4. Richtig und Falsch – nur eine Frage der Kultur?	44
5. Warum sie Erfolg hatten, wo wir oft versagen	66
6. Was sie über Errettung glaubten	88
7. Was sie über Prädestination und freien Willen glaubten	108
8. Was die Taufe für die frühen Christen bedeutete	119
9. Wohlstand: Segen oder Fallstrick?	127
10. Sind die Moralvorstellungen des Alten Testamentes noch gut genug?	138
11. Wer versteht die Apostel besser?	151
12. Wurde die Lehre der Apostel absichtlich verändert?	160
13. Wie das frühe Christentum korrumpiert wurde	175
14. Die restlichen Barrieren zerbröseln	192
15. Der einflussreichste Christ aller Zeiten	200
16. War die Reformation eine Rückkehr zum frühen Christentum?	209
17. Bestrebungen, das frühe Christentum wiederherzustellen	218
18. Das Feuer der Täufer	224
19. Was bedeutet das alles nun für uns?	234
• Biographisches Verzeichnis	244
• David Bercot und Scroll Publishing	251

Vorwort der Übersetzerin

Es war ein Vorrecht, mich durch das Übersetzen dieses Buches mit den Lehren der frühen Christen und der historischen Entwicklung näher auseinander zu setzen. Von den zahlreichen Zitaten aus den Schriften der frühen Christen, die hier enthalten sind, waren ein Großteil bereits von der Originalsprache ins Deutsche übersetzt worden; diese werden von der „Bibliothek der Kirchenväter" (BKV) zitiert (Bibliothek der Kirchenväter: www.unifr.ch/bkv). Dort unauffindbare Zitate habe ich aus dem Englischen übersetzt. Dies wird jeweils in den Fußnoten vermerkt. Eine vollständigere Sammlung frühchristlicher Schriften auf Englisch ist ebenfalls online verfügbar: Ante-Nicene Fathers: www.ccel.org/fathers.html

Zwei Begriffe, die sich nicht ohne weiteres ins Deutsche übertragen lassen, möchte ich vorab ein wenig erläutern.

Vor allem das Wort **„Evangelikal"** mag nicht allen Lesern vertraut sein. Zudem hat das Wort im amerikanischen bzw. im deutschsprachigen Raum auf Grund der unterschiedlichen historischen Entwicklungen etwas verschiedene Bedeutungen, so dass Aussagen des Autors über Evangelikale in Amerika nicht ohne weiteres auf Evangelikale in Europa zutreffen. Grundsätzlich bezeichnet das Wort „evangelikal" eine christliche Glaubensrichtung, die für die Mitgliedschaft in der Gemeinschaft eine persönliche Bekehrung voraussetzt, oft mit Erwachsenentaufe; im Gegensatz zu den Landeskirchen (Evangelischen oder Katholischen), wo man von der Säuglingstaufe weg als dazugehörig gilt. Man spricht daher auch von „Freikirchen", weil die Mitgliedschaft nur freiwillig erfolgen kann. Dies ist auf beiden Kontinenten gleich, und ich möchte betonen, dass der evangelikale Ansatz einer bewussten Bekehrung ein positiver und biblischer Ansatz ist, was in diesem Buch eher vorausgesetzt als ausdrücklich gesagt wird.

In Amerika bestehen solche Bewegungen seit etwa 250 Jahren, und Evangelikale machen einen sehr großen Prozentsatz der dortigen Christen aus. Mit der Zeit haben sich viele evangelikale Gruppen in eine von zwei Richtungen bewegt: Die eher Konservativen konzentrieren sich zunehmend auf die eigene Gemeinschaft und das eigene Regelwerk, während liberalere Strömungen sich stärker der Welt anpassen, vorgeblich um Außenstehenden einen Einstieg in die Gemeinschaft zu erleichtern. Wo David Bercot in diesem Werk von „Evangelikalen" spricht, trifft seine Einschätzung folglich nicht einmal auf alle Evangelikalen in Amerika zu, aber er lädt Evangelikale wie Nicht-Evangelikale ein, die eigenen Ansichten anhand der Überzeugungen der frühen Christen neu zu überdenken. Seine Kritik soll keinesfalls als eine Abwertung des evangelikalen Ansatzes an sich verstanden werden.

In Europa besteht die evangelikale Bewegung weniger lang, und der Anteil der Evangelikalen an der Bevölkerung ist bis jetzt verhältnismäßig klein. Dieser Umstand führt dazu, dass europäische Evangelikale generell ein ausgeprägteres Bewusstsein dafür haben, von der Welt getrennt zu leben. Wo amerikanische Evangelikale schon längst als „Mainstream", zumindest unter den vielen Christen, angesehen werden, sind Evangelikale in Europa sogar Anhängern der verschiedenen Landeskirchen suspekt. Vielerorts bestehen die evangelikalen Gemeinden noch gar nicht lange genug, um in den eigenen Traditionen erstarren zu können. Seit den 1990er Jahren macht sich aber auch in einigen europäischen Gemeinden ein von Amerika kommender Trend bemerkbar, die Unterschiede zur „Welt" aufweichen zu wollen. Dieses Buch enthält jedenfalls für europäische Christen jeglichen Hintergrundes reichlich Stoff zum Nachdenken und Handeln.

Im 18. Kapitel beschreibt David Bercot die Täufer als den Flügel der Reformation, der das Ethos der frühen Christen am Besten wieder aufgegriffen hat. Diese Bewegung ist im Europa des 16. Jahrhunderts entstanden und ergriff den gesamten deutschen Sprachraum, wurde aber durch Verfolgung aus Europa vertrieben und geriet hierzulande nahezu in Vergessenheit. Obwohl es zwischen den Täufern und den modernen Evangelikalen signifikante Unterschiede gibt, gelten sie doch als Ahnherrn der heutigen Freikirchen.

Auch das englische Wort **„church"** war nicht immer einfach zu übersetzen, weil es je nach Zusammenhang eine örtliche Gemeinschaft oder eine weltumspannende Institution; nur die wahren Gläubigen oder alle Namenschristen; die örtlichen Mitglieder oder das Gebäude selber; eine bestimmte Konfession oder die Summe aller Konfessionen bedeuten kann. In dem Wissen, dass für verschiedene Leser die Begriffe „Gemeinde" und „Kirche" verschiedene positive und negative Assoziationen hervorrufen, habe ich beschlossen, diese Begriffe nie wertend zu gebrauchen. (Dasselbe gilt für die Entscheidung, in Anlehnung an den englischen Text immer von „frühen Christen" und der „frühen Kirche" zu sprechen, statt von den Urchristen oder der Urgemeinde.) Wo von der *weltweiten* Gemeinschaft der Christen die Rede ist, verwende ich das Wort „Kirche" im neutralen Sinn, weil der Kontext mal positiv und mal negativ ist. „Gemeinde" ist generell die Bezeichnung für eine *lokale* christliche Gemeinschaft. An manchen Stellen wären beide Übersetzungen möglich gewesen – zum Beispiel in Kapitel 5, wo die unterstützende Rolle der „Kirche" bzw. der „Gemeinde" gleich richtig wären. Selten habe ich „church" auch als „Konfession" oder „Gemeinschaft" übersetzt, wo der Zusammenhang dies erforderlich machte.

Alle Bibelzitate in diesem Buch wurden der Revidierten Elberfelder Übersetzung entnommen, weil diese Übersetzung am ehesten der New King James Version entspricht, aus der David Bercot zitiert. Die Bibelzitate wurden bei Bedarf entsprechend den neuen Rechtschreibregeln angepasst; jedoch wurden nicht alle Zitate der frühen Christen angepasst, wo es ältere deutsche Übersetzungen von diesen gab.

Zum Schluss möchte ich mich noch bei folgenden freiwilligen Übersetzern in Wien und München bedanken, die eine erste deutsche Version von einigen Kapiteln lieferten und meine Arbeit zum Teil erheblich erleichterten: Alexander Basnar, Andrea S., Bernhard Basnar, Erhard S., Peter Steinbacher, Silvia S., Verena Helms und Wilfried Pichler. Einen großen Dank auch an meinen Mann, Alexander Basnar, der die zahlreichen Zitate der frühchristlichen Schreiber aufstöberte, wo diese bereits auf Deutsch verfügbar waren.

Dana Basnar

Wien, 2015

1. Der Gefangene

Als der Wagen durch die gepflasterten Straßen von Smyrna polterte, konnte der Gefangene schon das Gebrüll der rasenden Menschenmenge in der Arena hören. Wild bellende Hunde folgten dem Wagen durch die Straßen. Sonnengebräunte Kinder huschten vor dem Wagen beiseite, die Augen vor Aufregung weit aufgerissen. Namenlose Gesichter blickten entlang der Straße aus den Fenstern.

Der Wagen hielt vor den massiven Mauern der Arena, und der Wächter stieß den Gefangenen schroff aus dem Wagen, als ob er ein Müllsack wäre. Dabei wurde der Fuß des Gefangenen verletzt. Seit Wochen schon hatten die Bürger gefordert, dass dieser Mann eingesperrt und getötet werden soll. Dabei sah er überhaupt nicht wie ein gefährlicher Krimineller aus – ein gebrechlicher, alter Mann, dessen Gesicht mit Falten überzogen war. Sein Haar und sein Bart waren so weiß wie die Wolken, die den mediterranen Himmel an diesem Nachmittag zierten. Als dieser alte Gefangene, von bewaffneten Wächtern begleitet, in die Arena hinkte, ging schnell die Nachricht durch die Menge, dieser Mensch sei Polykarp, der schreckliche Verbrecher, dessen Tod sie heute erleben sollten. Sein Verbrechen? Er war der örtliche Leiter einer abergläubischen Sekte, deren Mitglieder auch Christen genannt wurden.

Während die Menge vor blutrünstiger Erregung brüllte, brachten die Soldaten den Gefangenen zu dem Platz, wo der Römische Statthalter sich gesetzt hatte. Der Statthalter starrte auf den hinkenden alten Mann, und sein Gesicht überkam ein Ausdruck der Verlegenheit. Das war also der gefährliche Verbrecher, durch den soviel Aufruhr entstand! Nur ein zahmer alter Mann.

Der Statthalter, dessen purpurner Umhang sanft im Wind wehte, lehnte sich vor und sprach zu dem Gefangenen: „Die Römische Regierung führt keinen Krieg gegen alte Männer. Schwöre auf die Gottheit unseres Cäsars und ich lasse dich gehen."

„Das kann ich nicht tun."

„Gut, dann rufe einfach: 'Weg mit den Atheisten' und das wird reichen." (Da Christen keinen Tempel oder Bilder von einem Gott hatten, nahmen viele Römer an, sie seien Atheisten.)

Der Gefangene streckte gefasst seinen faltigen Arm aus und zeigte mit einem weiten Bogen über die hasserfüllte Menge. Mit einem intensiven Blick Richtung Himmel rief er: „Weg mit den Atheisten!"

Dem Statthalter verschlug es kurz die Sprache. Obwohl er getan hatte, was ihm befohlen wurde, wusste der Statthalter durch die Reaktion der Menge, dass er Polykarp noch nicht freigeben konnte.

„Verfluche Jesus Christus!" verlangte er nun.

Einen Moment blickte Polykarp mit seinen durchdringenden braunen Augen in den strengen Gesichtsausdruck des Statthalters. Dann antwortete er gefasst: „Seit sechsundachtzig Jahren diene ich Jesus, und er hat mir nie, in keiner Weise, unrecht getan. Wie sollte es mir denn dann möglich sein, meinen König und Erretter zu verfluchen?"

Die Menge konnte die Unterhaltung nicht hören, wurde aber durch die Verzögerung zunehmend ungeduldiger. Nervös geworden, drängte der Statthalter den Gefangenen erneut: „Schwöre auf den göttlichen Cäsar!"

„Da Sie weiter so tun, als wüssten Sie nicht, was ich bin, lassen Sie mich Ihre Aufgabe vereinfachen. Ich bekenne ohne Scham, dass ich ein Christ bin. Wenn Sie wissen wollen, was Christen glauben, geben Sie mir eine Gelegenheit, und ich will es Ihnen sagen."

Unruhig und nervös platzte es aus dem Statthalter heraus: „Versuche nicht mich zu überzeugen, überzeuge sie!" Er zeigte dabei auf die Menge.

Polykarp blickte auf die gesichtslose Masse, die nur darauf wartete, dass ihre blutige Unterhaltung endlich beginnt.

„Nein, ich werde die Lehre von Jesus nicht dadurch herabwürdigen, dass ich versuche, solch ein Gewimmel zu überzeugen."

Der Statthalter rief verärgert zurück: „Weißt du denn nicht, dass ich wilde Tiere zur Verfügung habe? Ich werde sie sofort auf dich loslassen, wenn du nicht umkehrst!"

„Na dann, lassen Sie sie auf mich los", erwiderte Polykarp. Es war keine Furcht in seiner Stimme. „Wer hat schon so etwas gehört: Vom Guten umzukehren, um Bösem nachzufolgen?"

Der Statthalter war es gewöhnt, selbst die ärgsten und härtesten Verbrecher einzuschüchtern, aber dieser alte Mann würde ihn fast unterkriegen. Er wetterte gegen den Gefangenen: „Da dir wilde Tiere scheinbar keine Angst machen, wisse nun hier und jetzt: Ich werde dich lebendig verbrennen lassen, wenn du nicht sofort Jesus Christus verleugnest!"

Vom Heiligen Geist erfüllt, strahlte Polykarp nun mit Freude und Zuversicht. „Sie drohen mir bloß mit einem Feuer, das eine Stunde brennt und dann erlischt. Haben Sie noch nichts vom Feuer des kommenden Gerichts gehört und von der ewigen Strafe, die alle Gottlosen erwartet? Worauf warten Sie noch? Machen Sie mit mir, was Sie wollen."

Die Verhandlung hätte nicht so verlaufen sollen. Der Statthalter hätte der mächtige Eroberer sein sollen, bei dem der Gefangene auf Knien um Gnade bittet. Aber dieser Gefangene, ein alter Mann, hatte den Statthalter besiegt. Gedemütigt und geschlagen sank er in seinen Sitz zurück.

Da das Stadion so weitläufig war, wurden Boten zu verschieden Stationen in der Arena gesandt, um bekannt zu machen, was Polykarp gesagt hatte. Als seine letzte Aussage bekannt wurde, durchflutete eine Welle der Wut die Menge. Nun würden sie mit ihm machen, was sie wollten! Schreiend nach Polykarps Tod, strömten sie von ihren Plätzen in die Gänge und aus dem Stadion. Sie liefen wild durch die Straßen und sammelten Holz, wo immer sie es finden konnten. Sie plünderten Geschäfte oder stahlen das Feuerholz aus den öffentlichen Bädern. Danach drangen sie zurück in die Arena, ihre Arme voll mit Brennmaterial für den Scheiterhaufen. Sie häuften das Holz um einen aufrechten Pfahl, an den die Soldaten schon begonnen hatten, Polykarps Gliedmaßen anzunageln.

Doch er versicherte ruhig den Soldaten: „Lasst mich wie ich bin. Derjenige, der mir die Kraft gibt, im Feuer zu bestehen, macht mich auch fähig, ohne weitere Absicherung bewegungslos an diesem Pfahl stehen zu bleiben." Nachdem sie Polykarp erlaubt hatten zu beten, zündeten die Soldaten das Feuer an.

Durch die Verbrennung Polykarps glaubten die Leute von Smyrna, sie würden seinen Namen ein für allemal auslöschen und dieser verhassten Sekte der Christen endlich ein Ende setzen. Aber wie der Statthalter, unterschätzten auch sie die Lebenskraft und Überzeugung der Christen. Andere Christen wurden durch den Tod von Polykarp nicht eingeschüchtert, sondern inspiriert. Anstatt zu verschwinden, wuchs das Christentum.

Ironischerweise wurde der erfolglose Versuch der Römer, das Christentum zu vernichten, schließlich durch bekennende Christen selbst vollbracht. Heute ist der Name Polykarp weitgehend vergessen und das damalige Christentum ist westlichen Menschen heutzutage fast unbekannt.

Die hier dargestellte Szene wurde dem *Brief der Gemeinde in Smyrna*[1] entnommen, der Polykarps Märtyrertod behandelt.

---

[1] Der Brief ist in voller Länge hier zu lesen: http://www.unifr.ch/bkv/kapitel1680.htm

2. Wer waren die frühen Christen?

Ich erinnere mich noch gut an meinen Englischprofessor am College, der mir einschärfen wollte, wie wichtig es sei, dass ich die Begriffe in meinen Aufsätzen definiere. Obwohl ich seine Worte damals nur wenig beachtete, erkannte ich die Bedeutung seiner Ermahnungen, als ich begann, in verschiedenen Gruppen über die frühen Christen zu diskutieren. Eine der ersten Fragen war jedes Mal: „Wen meinst du eigentlich genau mit ‚den frühen Christen'?"

Lassen Sie mich also ein paar Begriffe definieren. Mit „frühe Christen" beziehe ich mich hauptsächlich auf jene Christen, die zwischen 90 und 199 n. Chr. lebten. Zu Beginn dieser Periode lebte noch der Apostel Johannes. Unter der ersten Generation der frühen Christen waren Männer wie Polykarp, die noch persönlich von einem oder mehreren Aposteln unterwiesen wurden. Die Ära endet mit einem Mann, der nur eine Generation von Johannes entfernt war: Irenäus, der ein Schüler Polykarps war.

Mit „frühes Christentum" meine ich den Glauben und die Praxis der weltweiten Gemeinschaft der frühen Christen, die untereinander eng verbunden waren und Austausch pflegten. Ich meine damit nicht den Glauben oder die Praxis von solchen, die von der Kirche als Irrlehrer bezeichnet wurden. So beschreibe ich also nicht das gesamte Feld, in dem Weizen und Spreu vermischt sind, sondern nur den Weizen (Matthäus 13,24-30).[2]

---

[2] Einen anderen Begriff sollte ich noch kurz definieren: Römer. Wenn ich in diesem Buch von Römern spreche, dann benutze ich das Wort in einem breiteren Sinn, nämlich

Obwohl sich dieses Buch auf die Christen, die zwischen 90 und 199 lebten, konzentriert, wurden die Überzeugungen und die Praktiken dieser frühen Christen auch von den Christen des nächsten Jahrhunderts generell beibehalten. Deshalb werden in der folgenden Diskussion auch Zitate von Autoren enthalten sein, die zwischen 200 und 313 lebten, sofern ihre Lehren mit denen jener übereinstimmen, die unmittelbar nach den Aposteln lebten.

Waren das die „frühen Kirchenväter"?

Wenn ich beginne, über die frühchristlichen Autoren zu erzählen, antworten die Zuhörer gewöhnlich: „Ah, du meinst die frühen Kirchenväter!" Doch diese Männer waren keine Kirchenväter! Die meisten von ihnen waren ziemlich normale, hart arbeitende christliche Leiter mit überdurchschnittlicher Ausbildung. Sie wären höchst entrüstet gewesen, hätte man sie „Kirchenväter" genannt, denn die einzigen Kirchenväter, die sie anerkannten, waren die Apostel.

Eigentlich ist es genau die Tatsache, dass diese Autoren *keine* Kirchenväter sind, die sie so wertvoll macht. Wären diese Männer die Urheber großer Theologie gewesen, hätten ihre Schriften für uns nur einen begrenzten Wert. Sie würden uns dann nur dokumentieren, welche Lehren diese „Ur-Theologen" entwickelt hätten. Doch diese Männer schrieben keine theologischen Aufsätze. Tatsächlich kann niemand im zweiten Jahrhundert als

---

für alle heidnischen Bürger des römischen Reiches und nicht nur für die in der Stadt Rom oder Italien beheimateten Menschen.

Theologe in unserem modernen Sinn bezeichnet werden. In der ganzen vorkonstantinischen Kirche (*die Kirche vor dem Konzil von Nizäa und der Verschmelzung mit dem Staat unter Kaiser Konstantin – Anm.d.Ü.*) gab es auch keine wirkliche systematische Theologie.

Stattdessen setzten sich die frühchristlichen Schriften hauptsächlich aus folgenden Gattungen zusammen:

1. Apologetische Werke, die Römern und Juden erklärten, was die allgemein anerkannten Lehren der Christen waren

2. Werke, die das apostolische Christentum gegen Irrlehren verteidigten

3. Briefwechsel zwischen einzelnen Gemeinden

Diese Schriften sind ein Zeugnis für die allgemein anerkannten Glaubenssätze und Praktiken der Kirche in der Zeit kurz nach dem Tod der Apostel. Deshalb sind sie so wertvoll.

Die einzige Person in der ganzen Periode von 90 bis 313, die wirklich als Theologe bezeichnet werden kann, ist Origenes. Doch Origenes hat seine Einsichten den anderen Christen nicht aufgezwungen; er war im Gegenteil einer der undogmatischsten Schreiber der frühchristlichen Zeit. Generell war das eine Ära, in der niemand besonders dogmatisch war in den Dingen, die über die wenigen grundlegenden Lehren des christlichen Glaubens hinausgingen.

Was bei den frühen Christen wirklich auffällt, ist der verhältnismäßige Mangel an eng definierten theologischen Dogmen. Je weiter man in ihrer Geschichte zurückgeht, desto weniger davon wird man finden. Nichtsdestotrotz gab es einige grundlegende Lehren und Praktiken, an die sich alle rechtgläubigen Christen hielten. Dieses Buch konzentriert sich auf diese gemeinsamen oder allgemein anerkannten Lehren und Praktiken.

Um dieses Ziel zu erreichen, stelle ich keine Lehren oder Praktiken als allgemein frühchristlich dar, wenn sie nicht folgenden Kriterien entsprechen:

- Alle frühchristlichen Autoren, die dieses Thema erwähnen, haben dieselbe Meinung dazu; und
- Zumindest fünf frühchristliche Autoren aus unterschiedlichen Regionen und zu unterschiedlichen Zeiten behandeln dieses Thema.

Die meisten der behandelten Themen in diesem Buch werden eigentlich durch das Zeugnis von mehr als fünf Autoren unterstützt.

Eine kurze Vorstellung acht wichtiger Autoren

Bevor wir die frühchristlichen Lehren betrachten, möchte ich Ihnen noch einige der Schreiber vorstellen, aus deren Werken ich hauptsächlich zitieren werde:

Polykarp – ein Jünger des Apostels Johannes

Polykarp, dessen Tod ich zu Beginn des Buches beschrieben habe, war den Gemeinden in Asien ein Vorbild im Glauben und in der Hingabe. Er war ein persönlicher Begleiter und Schüler des Apostels Johannes, der ihn offenbar als Aufseher oder Bischof in der Gemeinde von Smyrna eingesetzt hatte.[3] Wenn die „Engel" der sieben Gemeinden in der Offenbarung sich auf die Aufseher dieser Gemeinden beziehen, dann ist es sehr wahrscheinlich, dass der „Engel" der Gemeinde in Smyrna kein anderer als Polykarp war. Wenn das stimmt, dann ist es besonders bemerkenswert, denn Smyrna ist eine der zwei Gemeinden in der Offenbarung, an denen Jesus nichts auszusetzen hatte.

Polykarp erreichte ein Alter von wenigstens 87 Jahren und erlitt sein Martyrium um das Jahr 155 n. Chr.

Irenäus – das entscheidende menschliche Verbindungsglied zu den Aposteln

Einer von Polykarps persönlichen Schülern war Irenäus, der als Missionar nach Gallien ging. Als der Aufseher der Gemeinde in Lyon, Frankreich, in einer Verfolgung getötet wurde, wurde Irenäus zu seinem Nachfolger ernannt. Irenäus hatte in der ganzen Kirche einen guten Ruf, und er lebte bis über das Jahr 200 n. Chr. hinaus. Als Schüler von Polykarp, der ein Begleiter des Apostels Johannes war, dient uns Irenäus als ein wertvolles menschliches Verbindungsglied zur Zeit der Apostel.

---

[3] Siehe Irenäus: Adversus Haereses Buch 3, Kapitel 3

Justinus – der Philosoph, der zum Evangelisten wurde

Zu Polykarps Lebzeiten begab sich ein junger Philosoph mit Namen Justinus auf eine geistliche Suche nach der Wahrheit. Eines Tages war er auf dem Weg zu seinem gewohnten Meditationsort, einem abgeschiedenen Feld mit Blick auf das Mittelmeer. Plötzlich bemerkte er einen alten Mann, der mit etwas Abstand hinter ihm her ging. Da er alleine sein wollte, wandte er sich um und blickte den älteren Mann unwillig an. Es stellte sich nun heraus, dass dieser alte Mann ein Christ war. Er begann ein Gespräch mit Justinus und fand heraus, dass dieser ein Philosoph war. Der alte Mann begann nun seelenforschende Fragen zu stellen, um Justinus zu helfen, die Unzulänglichkeit der menschlichen Philosophie zu erkennen. Als Justinus später daran zurück dachte, schrieb er: „Nachdem der Greis dies und noch vieles andere, was zu erzählen jetzt nicht Zeit ist, gesagt hatte, ging er fort mit der Bitte, ich möchte seine Worte befolgen. Ich habe ihn nicht mehr gesehen. In meiner Seele aber fing es sofort an zu brennen, und es erfasste mich die Liebe zu den Propheten und jenen Männern, welche die Freunde Christi sind. Ich dachte bei mir über die Lehren des Mannes nach und fand darin die allein verlässliche und nutzenbringende Philosophie."[4]

Nachdem er ein Christ geworden war, trug Justinus weiterhin die typische Robe eines Philosophen, um damit zu zeigen, dass er die eine wahre Philosophie gefunden hatte. Er wurde nun zu einem Evangelisten für heidnische Philosophen und widmete sein Leben dem Ziel, gebildeten Römern zu helfen, die Bedeutung des

---

[4] Justinus, Dialog mit dem Juden Tryphon, Kapitel 8 – Marix Verlag Wiesbaden 2005, S 51

Christentums zu verstehen. Seine Verteidigungsschriften sind die ältesten vollständigen christlichen Apologien, die erhalten sind. Justinus erwies sich als ein begabter Evangelist, der viele Römer bekehrte – gebildete und ungebildete gleichermaßen. Zuletzt plante eine Gruppe von Philosophen einen Anschlag gegen ihn, und er wurde verhaftet. Da er lieber sterben wollte, als Christus abzuschwören, wurde Justinus um 165 n. Chr. hingerichtet. Nach seinem Tod wurde er als „Justinus der Märtyrer" bekannt.

Clemens von Alexandria – der Lehrer der Neubekehrten

Ein anderer Philosoph, der auf seiner geistlichen Suche nach der Wahrheit das Christentum fand, war Clemens. Nachdem er die Unzulänglichkeit der menschlichen Philosophie erkannte, wandte er sich dem Christentum zu. Nach seiner Bekehrung reiste er durch das ganze Römische Reich, um die Grundsätze des Christentums aus erster Hand, von den ältesten und anerkanntesten christlichen Leitern seiner Zeit, kennen zu lernen. Seine Schriften, die um 190 n. Chr. entstanden, reflektieren die gesammelte Weisheit seiner Lehrer und haben viele Christen im Lauf der Jahrhunderte inspiriert, einschließlich John Wesley.

Clemens ließ sich schließlich in Alexandria, in Ägypten, nieder. Er wurde ein Ältester (Presbyter) in der dortigen Gemeinde, dem die Unterweisung neubekehrter Christen anvertraut wurde. Man nennt ihn gewöhnlich „Clemens von Alexandria", um ihn von einem anderen Klemens, der während der letzten Lebensjahre des Apostels Johannes Aufseher in der Gemeinde in Rom war, zu unterscheiden. Wenn es nicht anders angegeben wird, ist in diesem Buch mit „Clemens" Clemens von Alexandria gemeint.

Origenes - ein Gott hingegebener brillanter Verstand

Zu Clemens' Schülern in Alexandria gehörte ein begabter Teenager mit Namen Origenes, der in einer christlichen Familie aufgewachsen war. Als Origenes 17 Jahre alt war, brach eine schwere Christenverfolgung über Alexandria herein, und sein Vater wurde verhaftet. Origenes schrieb seinem Vater im Gefängnis und ermutigte ihn, treu zu bleiben und nicht aus väterlicher Sorge um die Familie Christus abzuschwören. Als der Verhandlungstermin für seinen Vater festgesetzt war, nahm Origenes sich vor, bei der Verhandlung an der Seite seines Vaters zu stehen und mit ihm zu sterben. Aber in der Nacht vor dem Prozess, während Origenes schlief, versteckte seine Mutter alle seine Kleider, sodass er am nächsten Morgen das Haus nicht verlassen konnte, um zur Verhandlung zu gehen.

Obwohl er erst 17 Jahre alt war, stach Origenes in der Gemeinde von Alexandria durch die liebevolle Fürsorge für seine Mitchristen, die unter der schweren Verfolgung litten, hervor. Der zornige Pöbel bemerkte seine barmherzigen Taten, und er kam in der Verfolgung selbst nur knapp mit dem Leben davon.

Origenes hatte griechische Grammatik und Literatur von seinem Vater gelernt, und er begann, Privatunterricht in diesen Fächern zu geben, um den Lebensunterhalt für seine jüngeren Brüder und Schwestern zu verdienen. Er war so außergewöhnlich intelligent, dass viele heidnische Eltern ihre Kinder zu ihm in den Unterricht schickten; und viele dieser Jugendlichen wurden durch das Zeugnis des Origenes Christen.

In der Zwischenzeit war das Leben von Clemens, dem die Unterweisung der Neubekehrten anvertraut war, in Gefahr. Die heidischen Behörden hatten ihn vorgemerkt. So war er gezwungen, in eine andere Stadt zu fliehen, um seinen christlichen Dienst fortzusetzen. Es war eine außergewöhnliche Entscheidung der Ältesten von Alexandria, Origenes, der erst 18 Jahre alt war, als Nachfolger von Clemens zum Leiter der Schule für Neubekehrte zu ernennen. Sie entschieden weise, und Origenes investierte seine ganze Seele in die Aufgabe. Er gab seine kurze Beschäftigung als Lehrer für griechische Grammatik und Literatur auf, und er verkaufte seine Bücher der griechischen Literatur einem anderen Mann auf Kredit. Daraufhin lebte er in Armut von den kleinen monatlichen Rückzahlungen, die er vom Verkauf der Bücher erhielt. Für seinen Dienst als christlicher Lehrer wollte er keine Bezahlung annehmen. Nachdem er den ganzen Tag neue Christen unterrichtet hatte, studierte er bis spät in die Nacht hinein die Heiligen Schriften.

Es dauerte nicht lange, bis Origenes einer der anerkanntesten christlichen Lehrer seiner Zeit wurde. Schließlich baten ihn einige Freunde, eine Vortragsreihe über jedes Buch der Bibel zu halten, Abschnitt für Abschnitt. Seine Freunde bezahlten Schreiber, die seine Worte aufzeichneten. Dies wurde der erste Bibelkommentar, der je von einem Christen verfasst wurde. Origenes hatte nicht die Absicht, dass seine Kommentare als dogmatische Feststellungen verstanden werden sollten, da er häufig auch Nebenthemen aufgriff oder persönliche Vermutungen äußerte. In all den Kommentaren zeigte er eine liebenswerte, flexible Haltung; oft beendete er eine Diskussion mit der Bemerkung: „Nun, das ist das beste, was ich aus dem Abschnitt machen kann. Vielleicht hat jemand mit mehr Einsicht eine bessere Erklärung." In manchen seiner Spekulationen formulierte Origenes einige unorthodoxe Ansichten, die nicht repräsentativ sind für das Denken der frühen Christen. Aus diesem Grund bin ich sehr vorsichtig damit, was ich von ihm zitiere.

Doch trotz seiner unorthodoxen Spekulationen besaß Origenes einen der brillantesten Köpfe seiner Zeit – unter Christen und Nichtchristen gleichermaßen. Er korrespondierte sogar persönlich mit einem der römischen Kaiser. Sein Ruhm zog jedoch auch die Aufmerksamkeit der Feinde des Christentums an; mehrmals musste er in andere Städte ziehen, um der Verfolgung zu entgehen. Trotzdem erreichte er ein Alter von 70 Jahren, als er schließlich doch gefangen und gefoltert wurde. Keine noch so schwere Folter konnte ihn dazu bewegen, Jesus zu verleugnen, und seine Folterknechte gaben erschöpft auf. Allerdings starb Origenes schließlich an den Folgen dieser unmenschlichen Behandlung.

Tertullian – Apologet für die Römer

Für die meisten westlichen Christen ist Tertullian wahrscheinlich der bekannteste der frühchristlichen Autoren. Er war ein Leiter in der nordafrikanischen Gemeinde von Karthago, dem Ort, an dem er sich niedergelassen hatte.[5] Tertullian war der begabteste Apologet der frühen Kirche, und er war einer der wenigen frühchristlichen Ältesten, die lieber in Latein als in Griechisch schrieben. An Tertullian erinnert man sich aufgrund einiger

---

[5] Eine alternative Sicht besagt, dass Tertullian bereits in einer Gemeinde in Rom als Ältester diente, ehe er nach Karthago zog.

einprägsamer Aussagen, wie zum Beispiel: „Das Blut der Märtyrer ist der Same der Kirche."

Tertullian schrieb seine Werke in einem Zeitraum von etwa zwanzig Jahren, zwischen 190 und 210 n. Chr. Neben seinen apologetischen Schriften verfasste er auch Briefe und Aufsätze, in denen er gefangenen Christen Mut zusprach oder allgemein die Christen ermahnte, an der Absonderung von der Welt festzuhalten. Er schrieb auch einige Verteidigungsschriften für den rechten Glauben gegen die Irrlehrer seiner Zeit.

In seinem späteren Leben wurde Tertullian stark von der montanistischen Sekte beeinflusst. Die Montanisten waren zwar in ihrer Theologie orthodox, aber sie erwarteten von den Mitgliedern auch, dass sie asketischen Menschengeboten folgten. Glücklicherweise wurde zumindest die Hälfte von Tertullians Schriften verfasst, bevor er sich den montanistischen Lehren zuwandte. Da diese Gruppe jedoch orthodox in ihrer Theologie war, sind auch die montanistischen Werke Tertullians im Allgemeinen repräsentativ für die frühchristlichen Überzeugungen. Trotzdem war ich sehr vorsichtig beim Zitieren aus seinen montanistischen Schriften.

Cyprian - der reiche Mann, der alles für Christus gab

Einige Jahrzehnte nachdem Tertullian geschrieben hatte, bekehrte sich im Alter von 40 Jahren ein reicher Römer namens Cyprian zum Christentum. Obwohl er Tertullian bewunderte, schloss er sich nie den Montanisten an, und er war ein starker Gegner von Gruppen mit Irrlehren oder spalterischen Tendenzen. Als neubekehrter Christ war Cyprian so überströmend glücklich, Christus gefunden zu haben und wiedergeboren zu sein, dass er seinen ganzen Besitz zu Geld machte, das er dann den Armen gab. Er freute sich darüber, unbeschwert von der Last des Reichtums leben zu können, und seine Schriften enthalten einige der bewegendsten Beschreibungen der christlichen Wiedergeburt, die je verfasst wurden. Die Gemeinde in Karthago respektierte seine begeisterte Hingabe an Christus. Obwohl er erst seit wenigen Jahren Christ war, erwählten sie ihn zum Aufseher (Bischof) in ihrer Gemeinde, was zu jener Zeit eine außergewöhnliche Handlung war.

Cyprians Schriften sind deshalb besonders wertvoll, weil sie größtenteils aus einem Briefwechsel mit den Leitern anderer Gemeinden bestehen. Dadurch lernen wir die alltäglichen Sorgen und Nöte der Gemeinden jener Zeit kennen. Cyprian war gezwungen, einen guten Teil seines Hirtendienstes im Untergrund zu tun, da seine Amtszeit von schweren Verfolgungen gekennzeichnet war. Er war ein unermüdlicher Hirte, der seine ganze Kraft und zuletzt das Leben selbst für die Herde gab, die Christus ihm anvertraut hatte. Er wurde schließlich von den Römern verhaftet und im Jahr 258 geköpft.

Laktanz – der Lehrer des Sohnes des Kaisers

Laktanz ist den meisten Christen von heute weniger bekannt. Das ist schade für uns, denn er hat mit einer außergewöhnlichen Klarheit und Eloquenz geschrieben. Bevor er das Christentum annahm, war er ein gefeierter Lehrer der Rhetorik, der auch bei Kaiser Diokletian Beachtung fand. Nach seiner Bekehrung widmete Laktanz seine schriftstellerischen Fähigkeiten der Sache

Christi. Er überlebte die letzte schwere Christenverfolgung durch die Römer Anfang des 4. Jahrhunderts und ließ sich schließlich in Frankreich nieder. Obwohl Laktanz ein alter Mann war, als Konstantin 312 Kaiser wurde, bat ihn Konstantin, der Privatlehrer seines ältesten Sohnes zu werden. Die Schriften des Laktanz sind deshalb bedeutend, weil sie ganz am Ende der vorkonstantinischen Zeit der Kirche verfasst wurden. Sie zeigen uns, dass die meisten Überzeugungen sich in den 223 Jahren vom Tod des Apostels Johannes bis zum Beginn der Regierung Konstantins kaum veränderten.

Falls Sie sich die Namen nicht gemerkt haben ...

Ich kann sehr gut nachvollziehen, dass diese Namen Ihnen wahrscheinlich nicht vertraut sind, und vielleicht haben Sie Mühe, sie zu behalten. Aus diesem Grund habe ich am Ende des Buches ein biographisches Verzeichnis angefügt. Das Verzeichnis gibt Ihnen eine sehr kurze, skizzenhafte Zusammenfassung des Lebens eines jeden Schreibers, den ich in diesem Buch zitiere. Sie können diese Seite mit einer Büroklammer oder einem Lesezeichen markieren, damit Sie zwischendurch immer wieder Ihr Hintergrundwissen zu den Namen, von denen Sie gerade lesen, auffrischen können.

In früheren Entwürfen für dieses Buch habe ich den Glauben und die Praxis der frühen Christen bloß *beschrieben*, wobei ich nur ein oder zwei Zitate der frühen Christen pro Kapitel anführte. Doch die Reaktion meiner Freunde, die diese frühen Kapitel gelesen hatten, war einstimmig: „Wir wollen die *frühen Christen* reden hören, nicht dich. Lass sie ihre Geschichte mit ihren eigenen Worten erzählen." Nun, das habe ich getan. Hier ist ihre Geschichte, zu einem hohen Grad von ihnen selbst erzählt. Ich hoffe, sie wird Sie genauso herausfordern wie mich.

3. Bürger eines anderen Reiches

Als der Apostel Johannes über alle Sachen nachsann, die Jesus während seines kurzen Lebens auf Erden tat, meinte er: „Wenn diese alle einzeln niedergeschrieben würden, so würde, scheint mir, selbst die Welt die geschriebenen Bücher nicht fassen" (Johannes 21,25). Und doch, am Abend vor seinem Tod, musste Jesus aus all seinen Lektionen und Lehren wenige Schlüsselgedanken heraussuchen, die er seinen Jüngern besonders einprägen wollte.

Er hätte mit ihnen lange über Theologie reden können. Aber er tat es nicht. Er hätte sie für die vielen Fehler zurechtweisen können, die sie während ihrer Zeit mit ihm begangen hatten. Aber er tat es nicht. Stattdessen zeigte er ihnen nochmals den Bauplan für den größten Bau aller Zeiten – für die Kirche. Er zeigte den Aposteln anschaulich, dass die Führer der Kirche die Diener aller sein müssen. Er erklärte auch sorgfältig die untrüglichen Kennzeichen treuer Mitglieder dieser Kirche. Die Kennzeichen, die er betonte, waren:

1. Trennung von der Welt. „Wenn die Welt euch hasst, so wisst, dass sie mich vor euch gehasst hat. Wenn ihr von der Welt wäret, würde die Welt das Ihre lieben; weil ihr aber nicht von der Welt seid, sondern ich euch aus der Welt erwählt habe, darum hasst euch die Welt" (Johannes 15,18-19).

2. Bedingungslose Liebe. „Ein neues Gebot gebe ich euch, dass ihr einander liebt, damit, wie ich euch geliebt habe, auch *ihr* einander liebt. Daran werden alle erkennen, dass

ihr meine Jünger seid, wenn ihr Liebe untereinander habt" (Johannes 13,34-35).

3. Gehorsames Vertrauen. „Ihr glaubt an Gott, glaubt auch an mich....Wer meine Gebote hat und sie hält, der ist es, der mich liebt" (Johannes 14,1.21).

Johannes schrieb diese Worte gegen Ende des ersten Jahrhunderts. Aber bewahrte die Kirche diese Kennzeichen auch im nächsten Jahrhundert nach den Aposteln? Was zeichnete die Kirche des zweiten Jahrhunderts aus?

Ein Volk, das nicht von dieser Welt ist

„Niemand kann zwei Herren dienen" erklärte Jesus seinen Jüngern (Matthäus 6,24). Trotzdem versuchen Christen seit beinahe zwei Jahrtausenden, Jesus offenbar eines besseren zu belehren. Wir sagen uns, dass wir sehr wohl beides haben können – das Göttliche und das Weltliche. Viele von uns leben nicht anders als konservative Nicht-Christen, abgesehen vom wöchentlichen Gottesdienstbesuch. Wir konsumieren dieselbe Unterhaltung. Wir teilen dieselben Sorgen über die Probleme dieser Welt. Und wir sind häufig genauso an den wirtschaftlichen und materialistischen Belangen der Welt beteiligt. Oft existiert unser „Nicht-von-dieser-Welt-sein" mehr in der Theorie als in der Praxis.

Aber die Kirche war nicht immer so. Die ersten Christen lebten nach ganz anderen Prinzipien und Werten als der Rest der Menschheit. Sie verwarfen weltliche Unterhaltung, Ehren und

Reichtümer. Sie waren bereits Bürger eines anderen Reiches, und sie horchten auf die Stimme eines anderen Meisters. Dies traf genauso auf die Kirche des zweiten Jahrhunderts zu wie auf die des ersten.

Das Werk eines unbekannten Autors, ca. 130 geschrieben, beschreibt die Christen für die Römer so: „Sie bewohnen jeder sein Vaterland, aber nur wie Beisassen ... Sie sind im Fleische, leben aber nicht nach dem Fleische. Sie weilen auf Erden, aber ihr Wandel ist im Himmel. Sie gehorchen den bestehenden Gesetzen und überbieten in ihrem Lebenswandel die Gesetze. Sie lieben alle und werden von allen verfolgt. Man kennt sie nicht und verurteilt sie doch, man tötet sie und bringt sie dadurch zum Leben. Sie sind arm und machen viele reich; sie leiden Mangel an allem und haben doch auch wieder an allem Überfluss. Sie werden missachtet und in der Missachtung verherrlicht; ... aber einen Grund für ihre Feindschaft vermögen die Hasser nicht anzugeben."[6]

Weil die Erde nicht ihre Heimat war, konnten die frühen Christen, wie Paulus, ohne Vorbehalt sagen: „Das Leben ist für mich Christus und das Sterben Gewinn" (Philipper 1,21). Justinus der Märtyrer erklärte den Römern: „Weil wir aber unsere Hoffnungen nicht auf die Gegenwart setzen, kümmern wir uns um die Henker nicht, zumal wir auch sowieso sterben müssen."[7]

Ein Ältester im zweiten Jahrhundert ermahnte seine Zuhörer: „Deshalb, Brüder, wollen wir aufgeben das Verweilen in dieser

---

[6] Brief an Diognet, Kapitel 5 (Text nach BKV)

[7] Justinus der Märtyrer, Erste Apologie, Kp 11 (Text nach BKV)

Welt und den Willen dessen tun, der uns berufen hat und uns nicht fürchten vor dem Abschied aus dieser Welt. ... die Dinge dieser Welt für feindlich halten und ihrer nicht begehren. ... Es sagt aber der Herr: „Kein Untergebener kann zwei Herren dienen". Wenn wir Gott und dem Mammon dienen wollen, so ist dies uns unzuträglich. Denn was nützt es, wenn jemand die ganze Welt gewinnt, aber an seiner Seele Schaden leidet? Die jetzige und die zukünftige Welt sind zwei Feinde. ...Wir können also nicht beider Freund sein."[8]

Cyprian, der angesehene Aufseher der Gemeinde in Karthago, betonte ganz ähnlich in einem Brief an einen christlichen Freund: „Nur dann also ist eine sanfte und zuverlässige Seelenruhe, nur dann eine feste und beständige Sicherheit zu finden, wenn einer, diesen Wirbeln der beunruhigenden Welt entrückt, in der Bucht des heilbringenden Hafens sich festlegt. Zum Himmel erhebt er seine Augen von der Erde ...Nichts kann der mehr von der Welt verlangen, nichts kann der mehr von ihr erwarten, der über die Welt erhaben ist. Welch dauerhafte, welch unerschütterliche Sicherheit ist es, welch himmlischer Hort für die unvergänglichen Güter: sich aus den Schlingen der verstrickenden Welt zu lösen und für das Licht der ewigen Unsterblichkeit von dem irdischen Unrat sich reinigen zu lassen!"[9]

Das gleiche Thema durchdringt sämtliche Schriften der frühen Christen, von Europa bis Nordafrika: Wir können nicht Christus und die Welt haben.

---

[8] Zweiter Klemensbrief, Kp 5 und 6 (Text nach BKV)

[9] Cyprian, Brief an Donatus, Kp 14 (Text nach BKV)

Damit wir nicht meinen, die Christen beschreiben einen Lebensstil, den sie so nicht praktizierten, haben wir die Aussagen der Römer selber. Ein heidnischer Gegner der Christen bemerkte:

„Die Tempel verachten sie als Grabmäler, die Götter verfehmen sie, über die Opfer lachen sie. Sie bemitleiden, selbst bemitleidenswert, wenn man so sagen darf, die Priester, verschmähen Ehrenstellen und Purpurkleider, obwohl sie selbst fast nicht fähig sind, ihre Blöße zu decken. Welch merkwürdige Torheit und unglaubliche Keckheit! Sie machen sich nichts aus gegenwärtigen Martern, während sie ungewisse in der Zukunft fürchten. Sie sterben auf Erden ohne Furcht, fürchten aber einen Tod nach dem Tode. ...

Urteilt doch, ihr Unseligen, nach den Erfahrungen in eurem Leben, was nach dem Tode euer Los sein wird. Seht nur! Ein Teil von euch, und zwar der größere und eurer Meinung nach der bessere, leidet Not und friert, hungert und plagt sich ab. Euer Gott duldet das und tut, als sähe er das nicht. Er will oder kann den Seinigen nicht helfen: also ist er entweder machtlos oder ungerecht! ... Doch seht! Euch treffen drohende Erlasse, Hinrichtungen, Folter und Kreuze ... Wo ist da jener Gott, welcher den Wiederauflebenden helfen kann, aber nicht den Lebenden? Herrschen und regieren nicht die Römer ohne euren Gott, sind sie nicht ohne ihn im Genusse des ganzen Erdkreises und auch eure Gebieter? Ihr dagegen seid stets in Sorge und Angst und enthaltet euch der ehrbaren Vergnügungen. Ihr besucht keine Schauspiele, nehmt an den öffentlichen Prozessionen nicht teil; die öffentlichen Gastmähler und die heiligen Spiele finden ohne euch statt. ... [Ihr seid] Leute ohne Gelehrsamkeit und Bildung, ohne Erziehung und Lebensart, die nichts von politischen Dingen verstehen, um wieviel weniger göttliche Dinge erörtern können."[10]

Als ich zum ersten Mal die Kritik der Römer gegen die Christen las, wurde mir schmerzhaft bewusst, dass niemand diese Anklagen gegen heutige Christen erheben könnte. Wir werden nicht dafür kritisiert, dass wir uns in die Interessen eines himmlischen Reiches vollkommen vertiefen und die Angebote der Welt ignorieren. Ganz im Gegenteil: Heutigen Christen wird vorgeworfen, geldliebend und heuchlerisch in der Hingabe an Gott zu sein.

Eine bedingungslose Liebe

Zu keinem anderen Zeitpunkt in der Geschichte des Christentums wurde die Kirche so durch Liebe gekennzeichnet, wie in den ersten drei Jahrhunderten. Und die römische Gesellschaft merkte auf. Tertullian berichtete, dass die Römer ausriefen: „Siehe, wie sie sich untereinander lieben!"[11]

Justinus der Märtyrer umriss christliche Liebe folgendermaßen: „Wenn wir Geldmittel und Besitz über alles schätzten, so stellen wir jetzt, was wir haben, in den Dienst der Allgemeinheit und teilen jedem Dürftigen davon mit; hassten und mordeten wir einander und hielten wir mit denen, die nicht unseres Stammes sind, wegen der verschiedenen Stammesgewohnheiten nicht

---

[10] Markus Minucius Felix, Octavius, Kp 8 und 12 (Text nach BKV)

[11] Tertullian, Apologetikum Kp 39 (Text nach BKV)

einmal Herdgemeinschaft, so leben wir jetzt nach Christi Erscheinen als Tischgenossen zusammen und beten für unsere Feinde."[12]

Clemens beschrieb so den Menschen, der Gott kennt: „Darum benachteiligt er wegen seiner Vollkommenheit in der Liebe sich selbst, wenn es gilt, einen in Bedrängnis geratenen Bruder nicht ohne Hilfe zu lassen, besonders wenn er weiß, dass er selbst den Mangel leichter als der Bruder ertragen wird. Jedenfalls hält er das, was jenem Schmerz bereitet, für sein eigenes Leid. Und wenn er aus seinem eigenen Mangel Gaben spendet und infolge seiner Wohltätigkeit selbst ein Missgeschick erleidet, so ist er darüber nicht ärgerlich."[13]

Als im dritten Jahrhundert eine verheerende Seuche über die antike Welt fegte, waren Christen die einzigen, die sich um die Kranken kümmerten, obwohl sie damit eine eigene Ansteckung riskierten. Gleichzeitig warfen die Heiden infizierte Familienmitglieder auf die Straße, noch bevor sie starben, um sich selber vor der Krankheit zu schützen.[14]

Ein weiteres Beispiel illustriert sowohl die Bruderliebe der Christen als auch ihre kompromisslose Hingabe an Jesus als Herrn. Ein heidnischer Schauspieler wurde Christ, aber er erkannte, dass er seine Arbeit aufgeben musste, weil die meisten Theaterstücke zu Unmoral anregten und vom heidnischen Götzendienst durchdrungen waren. Außerdem wurden Jungen

---

[12] Justinus der Märtyrer, Erste Apologie Kp 14 (Text nach BKV)

[13] Clemens von Alexandria, Teppiche, 7. Buch Kp 12 (Text nach BKV)

[14] Eusebius, Kirchengeschichte, 7. Buch Kp 22

durch das Theater manchmal bewusst zu Homosexuellen gemacht, damit sie Frauenrollen besser darstellen konnten. Da dieser neubekehrte Schauspieler keine anderen Fertigkeiten besaß, überlegte er die Gründung einer Theaterschule, um Nichtchristen Drama beizubringen. Er legte seine Idee aber zuerst der Gemeindeleitung vor, um ihren Rat einzuholen.

Die Gemeindeleiter sagten ihm, wenn Theaterspielen ein unmoralischer Beruf sei, wäre es auch falsch, andere dazu auszubilden. Trotzdem, da dies eine ungewöhnliche Frage war, baten sie auch Cyprian im nahen Karthago um seine Gedanken. Cyprian stimmte mit ihnen überein: Wenn ein Beruf nicht für die christliche Praxis taugt, dann ist er auch nicht als Unterrichtsgegenstand geeignet, selbst wenn dies die einzige Verdienstmöglichkeit wäre.

Wie viele von uns wären so auf Gerechtigkeit bedacht, dass wir unsere Arbeitsentscheidungen den Ältesten oder Diakonen vorlegen würden? Wie viele Gemeindeleiter heute wären so darum bemüht, Gottes Heiligkeit nicht zu beleidigen, dass sie so eine kompromisslose Position einnehmen würden?

Aber das ist noch nicht das Ende der Geschichte. Cyprian sagte dieser benachbarten Gemeinde, sie sollte bereit sein, diesen Schauspieler zu unterstützen, wenn er keine andere Verdienstmöglichkeit habe – so wie sie Waisen, Witwen und andere bedürftige Personen unterstützte. Mehr noch, er schrieb: „Sollte aber die dortige Kirche nicht imstande sein, für den Unterhalt der Notleidenden aufzukommen, so kann er sich zu uns begeben und hier in Empfang nehmen, was er für Nahrung und Kleidung notwendig braucht."[15] Cyprian und seine Gemeinde kannten diesen Schauspieler nicht, und doch waren sie bereit, für seinen Lebensunterhalt aufzukommen, weil er ein Glaubensbruder war. Als ein Christ den Römern sagte: „So haben wir ... gegenseitige Liebe, weil wir von Hass nichts wissen."[16] Wenn heutige Christen so etwas vor der Welt behaupteten, würde die Welt es glauben?

Die Liebe der frühen Christen war nicht nur für andere Gläubige reserviert. Christen halfen in Liebe auch Ungläubigen: den Armen, den Waisen, den Alten, den Kranken, den Schiffbrüchigen – sogar ihren Verfolgern.[17] Jesus hatte gesagt: „Liebt eure Feinde, und betet für die, die euch verfolgen" (Matthäus 5,44). Die frühen Christen nahmen diese Aussage als einen Befehl von ihrem Herrn an, nicht als ein Ideal, das man im wirklichen Leben eigentlich nicht praktizieren kann.

Laktanz schrieb: „Wenn wir alle unseren Ursprung von einem Menschen herleiten, den Gott erschaffen hat, dann sind wir offensichtlich alle von einer Familie. Darum muss es für einen Gräuel gehalten werden, einen anderen Menschen zu hassen, egal wie schuldig er sein mag. Aus diesem Grund hat Gott bestimmt, dass wir niemanden hassen, sondern den Hass auslöschen sollen. So können wir also unsere Feinde dadurch trösten, indem wir sie an unsere gegenseitige Beziehung erinnern. Denn wenn uns allen vom selben Gott das Leben gegeben wurde, was sind wir anderes als Brüder? ... Weil wir alle Brüder sind, lehrt uns Gott, einander

---

[15] Cyprian, Brief an Eucratius Kp 2, (Text nach BKV)

[16] Markus Minucius Felix, Octavius Kp 31, (Text nach BKV)

[17] Tertullian, Apologetikum Kp 39 und Klemens von Alexandria, Teppiche, 7. Buch Kp 12

nie Böses zu tun, sondern nur Gutes – indem wir den Unterdrückten und Geplagten helfen und den Hungrigen zu essen geben."[18]

Die Bibel lehrt, dass ein Christ nicht mit seinem Bruder vor Gericht gehen soll. Lieber soll er sich von seinem Bruder übervorteilen lassen, wenn es sein muss (1 Korinther 6,7). Trotzdem habe ich als Rechtsanwalt gesehen, dass heutige Christen nicht davor zurück schrecken, ihre Brüder und Schwestern in Christus vor Gericht zu verklagen. Ein besonders beunruhigender Fall ereignete sich vor kurzem in dem Ort, wo ich wohne. Ein Student an der hiesigen christlichen Schule arbeitete in seiner Freizeit auf dem Campus mit, um selber für einen Teil des Schulgeldes aufkommen zu können. Eines Tages wurde er durch die Dämpfe eines Insektizids überwältigt, das er im Schulgebäude versprühte, und er lag daraufhin kurze Zeit im Krankenhaus. Die Sprühmethode, die die Schule verwendete, war offenbar nicht richtig. Die Folge? Die Eltern verklagten die christliche Schule auf mehr als eine halbe Million Dollar. Im Gegensatz dazu gingen die frühen Christen nicht nur nicht mit anderen Christen vor Gericht; die meisten weigerten sich, mit *irgendjemandem* vor Gericht zu gehen, da sie jeden Menschen als ihren Bruder oder ihre Schwester betrachteten.

Es wundert nicht, dass das Christentum sich schnell in der antiken Welt ausbreitete, obwohl es kaum groß organisierte Mission oder Evangelisation gab. Die Liebe, die die Christen hatten, zog die Aufmerksamkeit der Welt auf sich, genau wie Jesus es gesagt hatte.

---

[18] Laktanz, Göttliche Unterweisung, 6. Buch Kp 10 (übersetzt aus dem Englischen)

Ein kindliches Vertrauen in Gott

Einem frühen Christen bedeutete Gottvertrauen viel mehr als ein sentimentales Zeugnis von „dem Tag, als ich Jesus in mein Herz einlud." Vielmehr bedeutete es, auch wenn Gehorsam gegen Gott viel Leiden mit sich brachte, dass Gott vertrauenswürdig genug war, um jemanden hindurch zu bringen.

„Der aber glaubt ihm nicht, der nicht tut, was Gott geboten hat"[19], erklärte Clemens. Für die frühen Christen war es ein Widerspruch, zu behaupten, Gott zu vertrauen und gleichzeitig sich zu weigern, ihm zu gehorchen (1 Johannes 2,4). Ihr Christentum war mehr als verbal. Wie ein früher Christ es sinngemäß ausdrückte: „Wir reden nicht über große Dinge, wir leben sie!"[20]

Ein Kennzeichen der frühen Christen war ihr kindlicher, buchstäblicher Gehorsam gegenüber den Lehren Jesu und der Apostel. Sie bestanden nicht darauf, den Grund für ein Gebot verstehen zu müssen, bevor sie gehorchten. Sie vertrauten einfach, dass Gottes Weg immer der beste Weg ist. Clemens fragte: „Wer sollte nun so gottlos sein, dass er Gott nicht glauben

---

[19] Clemens von Alexandria, Teppiche, 4. Buch Kp 7 (Text nach BKV)

[20] Die englische Übersetzung der Stelle dürfte „markiger" formuliert sein, die BKV liest an dieser Stelle etwas sperriger: „Wir, die wir die Weisheit nicht im Philosophenmantel, sondern in unserer Gesinnung zeigen, deren Stärke nicht in Worten, sondern im Wandel ruht, dürfen uns rühmen, das erreicht zu haben, was jene mit aller Anstrengung suchten, aber nicht finden konnten." Markus Minucius Felix, Oktavius Kp 38 (Text nach BKV)

oder von Gott die Beweise verlangen wollte wie von Menschen?"[21]

Sie vertrauten Gott, weil sie in Ehrfurcht vor seiner Majestät und Weisheit lebten. Felix, ein christlicher Rechtsanwalt und Zeitgenosse Tertullians, drückte es so aus: „Gott ist über unsere Sinne erhaben, unendlich, unermesslich und nur sich selbst in seiner ganzen Größe bekannt. Unser Herz aber ist zu beschränkt, um ihn zu begreifen und deshalb schätzen wir ihn so am besten, wenn wir ihn unschätzbar nennen. ... Wer Gottes Größe zu kennen glaubt, schmälert sie."[22]

Das höchste Beispiel ihres absoluten Gottvertrauens war ihr Akzeptieren von Verfolgung. Von der Zeit des Kaisers Trajan (ca. 100 n. Chr.) bis zum Toleranzedikt von Mailand im Jahr 313 war die Ausübung des Christentums innerhalb der Grenzen des Römischen Reiches illegal. Christ zu sein war ein Verbrechen, über das die Todesstrafe verhängt war. Aber die römischen Beamten suchten Christen nicht allgemein heraus. Sie ignorierten sie, außer wenn jemand formell angeklagt wurde, Christ zu sein. Verfolgung trat daher eher sporadisch auf. Christen an einem Ort litten schreckliche Foltern und Tod, während Christen in einer benachbarten Gegend davon unberührt blieben. Es war gänzlich unvorhersehbar. Und doch lebte jeder Christ täglich unter diesem Todesurteil.

Allein die Tatsache, dass Christen lieber unbeschreibliche Qualen und Tod auf sich nahmen, als ihren Gott zu verleugnen, war ihr

---

[21] Clemens von Alexandria, Teppiche, 5. Buch Kp 1 (Text nach BKV)
[22] Markus Minucius Felix, Octavius Kp 18 (Text nach BKV)

wirksamstes evangelistisches Werkzeug. Wenn überhaupt, wären nur wenige Römer bereit gewesen, für ihre Götter zu sterben. Christentum musste also mehr Substanz haben, wenn es den Menschen so viel bedeutete, die es praktizierten. Das griechische Wort für „Zeuge" ist eigentlich „*martyros.*" Es ist, wenig überraschend, auch das griechische Wort für „Märtyrer." An vielen Stellen, wo unsere Bibeln den Begriff mit „Zeuge" übersetzen, lasen die frühen Christen „Märtyrer." Offenbarung 2,13 zum Beispiel erwähnt „Antipas, meinen treuen Zeugen, der bei euch...ermordet worden ist." Die frühen Christen verstanden die Stelle als „Antipas, mein treuer Märtyrer." Obwohl die meisten Christen nach Möglichkeit lokaler Verfolgung auswichen, lehnten sie eine Massenauswanderung aus dem Römischen Reich ab. Wie kleine Kinder glaubten sie ihrem Meister, als er sagte, dass seine Gemeinde auf einem Felsen gebaut ist und die Pforten des Hades sie nicht überwältigen werden (Matthäus 16,18).

Ihnen war bewusst, dass tausende von ihnen gewaltsam sterben oder fürchterliche Qualen oder Gefangenschaft erleiden könnten. Aber sie waren absolut überzeugt, dass ihr Vater nicht zulassen würde, dass die Kirche ausgelöscht wird. Christen standen vor den Römern mit nackten Händen, um zu zeigen, dass Christen nicht auf menschliche Mittel zurückgreifen würden, um die Kirche zu verteidigen. Sie vertrauten auf Gott, und nur auf Gott, als ihren Beschützer.

Wie Origenes den Römern sagte: „Wir aber müssen, sobald Gott es dem Versucher gestattet, indem er ihm die Macht uns zu verfolgen gibt, Verfolgung leiden; wenn aber Gott [nicht] will, dass wir dies erdulden, so haben wir auch in der Welt, die uns hasst, in wunderbarer Weise Frieden und setzen unsere

Zuversicht auf den, der gesagt hat; „Seid getrost, ich habe die Welt überwunden." Und in Wahrheit hat er „die Welt überwunden"; deshalb [ist die Welt nur] so lange [stark], als ihr Überwinder es will, der vom Vater erhalten hat, „die Welt zu überwinden". Wir aber „sind getrost", weil jener sie „überwunden hat". Wenn aber Gott will, dass wir wiederum um unsere Frömmigkeit kämpfen und leiden müssen, dann mögen nur unsere Widersacher kommen; wir werden zu ihnen sagen: „Alles vermag ich durch den, der mich stark macht, durch Christus Jesus, unsern Herrn."[23]

Origenes hatte als Jugendlicher seinen Vater durch Verfolgung verloren, und er selber starb viel später an den Folgen von Folter und Gefangenschaft durch die Römer. Trotzdem konnte er den Römern mit unerschütterlicher Zuversicht sagen: „Dann wird auch alle andere Gottesverehrung aufgehoben werden, die christliche aber wird „allein" die Herrschaft haben; diese wird einst deshalb „allein" herrschen, da die christliche Lehre immerfort mehr Seelen gewinnt."[24]

---

[23] Origenes, Gegen Celsus, 8. Buch Kp 70 (Text nach BKV)
[24] Origenes, Gegen Celsus, 8. Buch Kp 68 (Text nach BKV)

4. Richtig und Falsch – nur eine Frage der Kultur?

Das frühe Christentum war eine Revolution, die sich in der Welt der Antike ausbreitete wie Feuer durch trockenes Holz. Es war eine kulturelle Gegenbewegung, die die bedeutendsten Einrichtungen der römischen Gesellschaft angriff. Tertullian schrieb: „Unser Kampf ist gegen die Institutionen unserer Vorfahren, gegen die Autorität der Tradition, gegen Menschengebote, gegen die Überlegungen der Weisen dieser Welt, gegen das Altehrwürdige und gegen die Bräuche."[25]

Wie seltsam erscheint es daher, dass die moderne Kirche behauptet, die Christen der ersten paar Jahrhunderte hätten hauptsächlich die Kultur ihrer Zeit gelehrt und gelebt. Dies ist besonders widersinnig, da die Römer die Christen genau aufgrund des Gegenteils scharf kritisierten – dafür, dass sie den kulturellen Richtlinien ihrer Tage nicht folgten.

Die Beziehung der frühen Christen zu ihrer Kultur ist jedoch nicht bloß eine Angelegenheit vergangener Geschichte. Sie ist etwas, womit die heutige Kirche sich gründlich befassen sollte. Denn die meisten kulturellen Themen, welchen sich Christen des 21. Jahrhunderts gegenübersehen, sind genau die Themen, die schon die frühen Gemeinden beschäftigen. Trotzdem sind unsere Antworten auf diese Fragen in der Regel recht verschieden von ihren.

---

[25] Tertullian, An die Nationen, Buch 2, Kp 1 (aus dem Englischen übersetzt)

Scheidung – Eine römische Seuche

Wie in den meisten Gesellschaftsformen war die Familie die zentrale Einheit römischer Zivilisation. Aber so wie auch heute gab es oft unglückliche Ehen. Sowohl Ehemänner als auch Ehefrauen hatten häufig Geliebte. Zu der Zeit Christi waren außereheliche Affären sowohl seitens der Ehemänner als auch der Ehefrauen so häufig, dass sie kein Aufsehen mehr erregten.

So ist es nicht überraschend, dass Scheidungen relativ alltäglich waren. Römische Männer und Frauen heirateten oft vier- oder fünfmal. Tertullian schrieb: „Die Scheidung aber ist [bei den Frauen] bereits Gegenstand der Wünsche, gleichsam wie eine natürliche Folge der Ehe."[26] In der römischen Gesellschaft wurden Ehen durch die Eltern von Braut und Bräutigam arrangiert. Frisch verheiratete Paare waren normalerweise nicht ineinander verliebt, und oft kannten sie sich kaum an ihrem Hochzeitstag. Häufig war der Altersunterschied zwischen Mann und Frau beträchtlich. Dies galt sowohl bei den Christen als auch in der römischen Gesellschaft im Allgemeinen. Demnach wäre es weitaus leichter, Scheidung in der römischen Gesellschaft zu rechtfertigen als in Amerika oder Europa des einundzwanzigsten Jahrhunderts.

Trotzdem betrachteten die frühen Christen dieses Thema nicht vom menschlichen Standpunkt aus. Obwohl Scheidung in der Gesellschaft als durchaus erlaubt angesehen wurde, gestatteten sie

---

[26] Tertullian, Apologetikum, Kp 6 (Text nach BKV)

Scheidung ausschließlich bei Ehebruch.[27] Wie Origenes schrieb: „Was Gott zusammengefügt hat, soll der Mensch nicht trennen – weder die Regierung noch sonst eine Macht. Denn Gott, der sie zusammenfügte, ist mächtiger als alle anderen Mächte, die ein Mensch nennen oder sich erdenken kann."[28] Christen nahmen Jesu Worte ernst, als er sagte: „Wer immer seine Frau entlassen wird, außer wegen Hurerei, und eine andere heiraten wird, begeht Ehebruch" (Matthäus 19,9)[29].

Die entschiedene Position der frühen Christen gegen Scheidung war offensichtlich keine Widerspiegelung ihrer Kultur. Aber wie schaut *unsere* Haltung bezüglich Scheidung aus? Sind nicht unsere Ansichten den Trends unserer Kultur gefolgt? Vor 50 Jahren hätte ein evangelikaler Christ niemals einfach deswegen an eine Scheidung von seinem Partner gedacht, weil „wir nicht zusammen passen". Heute hingegen nähert sich die Scheidungsrate bei den Evangelikalen schnell der Rate der restlichen Gesellschaft.[30] Was hat sich verändert? Natürlich nicht die Bibel. Nein, sondern der konservative Block der amerikanischen Gesellschaft hat seine Ansichten gegenüber der Scheidung geändert. Evangelikale Christen rühmen sich oft, dass sie „weltlichen" Einstellungen und Trends widerstehen. Aber in der Realität treten wir nur dem *liberalen Flügel* der Gesellschaft entgegen. Wenn eine Haltung von den Konservativen einmal akzeptiert wird, folgt die Kirche bald in ihren Fußstapfen. Scheidung ist dafür ein Paradebeispiel.

---

[27] Hirt des Hermas, Buch 2, Gebot 4, Kp 1

[28] Origenes, Kommentar zu Matthäus, Buch 14, Kp 17 (aus dem Englischen übersetzt)

[29] vgl. Justin, der Märtyrer, Erste Apologie Kp 15; Athenagoras, Bittschrift für die Christen, Kp 33

[30] Cynthia Scott, „Divorce Dilemma", Moody Monthly (September 1981) S 7

Abtreibung – kein Phänomen des 21. Jahrhunderts

So wie in der heutigen Welt waren auch die Römer von unerwünschten Schwangerschaften betroffen. In Ermangelung der modernen Mittel der Geburtenkontrolle behandelten die Römer unerwünschte Schwangerschaften auf drei Arten: Erwürgen der Neugeborenen, Aussetzen der Babys auf der Straße (wo sie entweder starben oder zu Sklaven wurden) oder Abtreiben des Fötus. Im Gegensatz zur landläufigen Meinung ist Abtreibung keine Erfindung des 20. Jahrhunderts. Der christliche Anwalt Marcus Minucius Felix beschuldigte die Römer, „Manche Frauen vernichten im eigenen Leibe durch eingenommene Arzneien den Keim künftigen Lebens und begehen einen Kindsmord, ehe sie gebären."[31]

Wieder nahmen die frühen Christen einen klaren Standpunkt gegen eine Praxis ein, die als moralisch unbedenklich und zivilisiert angesehen wurde. Als einige Römer die lächerliche Anschuldigung gegen die Christen erhoben, dass sie als Teil ihrer religiösen Zeremonien ihre Kinder töten und essen würden, antwortete Athenagoras, ein christlicher Apologet um 170 n. Chr., mit diesen Worten: „Wie sollten wir, die da behaupten, dass jene Frauen, die zur Herbeiführung eines Abortus Medikamente anwenden, Menschenmörderinnen sind und sich einst bei Gott darüber zu verantworten haben, Menschen umbringen können? Es wäre doch sehr inkonsequent zu behaupten, auch der Embryo

---

[31] Marcus Minucius Felix, Octavian, Kp 30 (Text nach BKV)

sei schon ein Mensch und Gegenstand göttlicher Fürsorge, und ihn dann, wenn er das Licht der Welt erblickt hat, zu töten."[32]

Tertullian erklärte den Römern: „Wir aber dürfen, da der Mord uns ein für allemal verboten ist, auch den Fötus im Mutterleibe ... nicht zerstören. Die Geburt verhindern ist nur eine Beschleunigung des Mordes, und es verschlägt nichts, ob man ein schon geborenes Leben entreißt oder ein in der Geburt begriffenes zerstört."[33]

Bewundernswerterweise treten evangelikale Christen heutzutage genauso entschieden gegen Abtreibung auf, wie es die frühen Christen taten. Ich hoffe, dass unsere Einstellung völlig unabhängig von unserer Kultur ist, aber ich weiß es nicht sicher. Der konservative Block der amerikanischen Gesellschaft hat Abtreibung noch nicht akzeptiert; konservative Gesetzgeber und Richter sind generell dagegen. Wenn ihre Haltung sich ändert, wird unsere folgen? Im Moment scheint es unmöglich, dass wir je unsere Haltung gegenüber Abtreibung ändern würden. Aber vor hundert Jahren hätte auch niemand gedacht, dass Scheidung in der evangelikalen Kirche je normal sein würde.

Hochmodisch und zutiefst schamlos

Petrus wies die Frauen an: „Euer Schmuck sei nicht der äußerliche durch Flechten der Haare und Umhängen von Gold oder

---

[32] Athenagoras, Bittschrift für die Christen, Kp 35 (Text nach BKV)
[33] Tertullian, Apologetikum, Kp 9 (Text nach BKV)

Anziehen von Kleidern" (1. Petrus 3,3). Paulus gab ähnliche Anweisungen: „[Ich will nun ...], dass die Frauen sich in würdiger Haltung mit Schamhaftigkeit und Sittsamkeit schmücken, nicht mit Haarflechten und Gold oder Perlen oder kostbarer Kleidung, sondern mit dem, was Frauen geziemt, die sich zur Gottesfurcht bekennen, durch gute Werke" (1. Timotheus 2,9-10). Mit diesen Ermahnungen wollten die Apostel nicht die kulturellen Normen der damaligen Zeit bestärken. Sie taten das Gegenteil.

Die modebedachte römische Frau benutzte praktisch jede Schönheitshilfe, die ihr heutiges Gegenüber auch verwendet. Sie begann den Tag damit, ihre Haare zu stylen und Make-up aufzutragen. Sie bemalte ihre Lippen, trug schwarze Lidschatten und künstliche Wimpern auf, staubte ihr Gesicht mit weißem Puder und benutze Rouge für die Wangen. Sie trug ihr Haar als reich verzierte Frisur, aufwendig geflochten und mit Locken und Fransen. Einige Frauen trugen aus Indien importierte Perücken und viele färbten ihr Haar blond.

Ein Römer bemerkte zu seiner Freundin: „Während du zu Hause bist, ... ist dein Haar beim Friseur; du nimmst die Zähne am Abend heraus, und du schläfst, eingepackt in hundert Kosmetik-Kisten. Nicht einmal dein Gesicht schläft mit dir! Dann zwinkerst du Männern unter einer Augenbraue zu, die du am selben Morgen aus der Schublade genommen hast."[34]

Die römischen Frauen zierten den Rest ihres Körpers genauso wie ihr Gesicht. Wenn sie ausgingen, schmückten sie sich mit

---

[34] Charles Panati, „Extraordinary Origins of Everyday Things" (New York: Harper and Row 1987) S 223

Juwelen, oftmals mit teuren Ringen an jedem Finger. Feine Frauen bestanden auf Kleider aus importierten Materialien wie Seide, obwohl Seide pro Kilo genauso viel kostete wie Gold. Clemens kommentierte das schrullig: „Wenn ihr Körper verkauft würde, so würde er wohl nie tausend attische Drachmen einbringen; da sie aber unter Umständen ein einziges Kleid für zehntausend [Talente] kaufen, beweisen sie, dass sie selbst weniger nütze und weniger wert als die Kleiderstoffe sind."[35] Sogar viele römische Männer benutzten Kosmetika und kleideten sich so verschwenderisch wie die Frauen.

Im Gegensatz dazu riet die Kirche von Kosmetika ab und ermahnte Männer und Frauen, mit einfacher Kleidung zufrieden zu sein. Einfachere Kleidung war nicht nur billiger; luxuriöse Kleider waren oft transparent und schmiegten sich sinnlich an die weibliche Figur. Clemens bemerkte, „Denn keine Bedeckung mehr ist die überfeinerte Kleidung, da sie die Form des nackten Körpers nicht verhüllen kann; denn wenn ein solches Kleid dem Körper angelegt wird, so schmiegt es sich ihm ganz glatt an; und da es sich eng mit der Gestalt verbindet, bekommt es selbst die gleiche Form und bildet den Umriss des weiblichen Körpers so genau nach, dass der ganze Körperbau jedem deutlich ist, auch wenn man ihn selbst nicht sieht. ... Solche Kleider sind zum Anschauen, nicht zur Bedeckung da."[36]

Trotzdem versuchte die junge Kirche nicht, die zu tragende Kleidung vorzuschreiben. Während die Kirche die Prinzipien der einfachen und anständigen Kleidung betonte, ließ sie die Um-

---

[35] Clemens von Alexandria, Paidagogos, Buch 2, Kp 10,115 (Text nach BKV)

[36] Clemens von Alexandria, Paidagogos, Buch 2, Kp 10,107+109 (Text nach BKV)

setzung dieser Prinzipien in der Verantwortung jedes einzelnen Christen.

Neben der Kleidung unterschied sich auch der christliche Standard der Sittsamkeit, sowohl bei Männern als auch bei Frauen, von dem der römischen Gesellschaft. Das war besonders offensichtlich in öffentlichen und privaten Bädern. Kaum eine andere Kultur, außer der japanischen, hatte so eine große Vorliebe für heiße Bäder. Baden war ein nationaler Zeitvertreib, und die öffentlichen Bäder waren die wichtigsten Treffpunkte der römischen Gesellschaft. In den frühen Tagen der Römischen Republik waren Bäder für Frauen und Männer streng getrennt. Im zweiten Jahrhundert hingegen war gemischtes Nacktbaden üblich.[37]

Angehörige besserer Klassen der römischen Gesellschaft hatten oft Bäder in ihren Häusern, aber die Sittsamkeit dort war auch nicht anders. Clemens beschreibt diese privaten Bäder: „Und vor ihren eigenen Männern würden sie sich wohl nicht enthüllen, indem sie Glaubwürdigkeit für ihr erheucheltes Schamgefühl zu erreichen suchen; dagegen ist es für jeden beliebigen anderen möglich, die daheim Eingeschlossenen in den Bädern unbekleidet zu sehen; denn dort schämen sie sich nicht, sich vor den Zuschauern wie vor Sklavenhändlern zu enthüllen. ... Diejenigen aber, die nicht in diesem Maße jedes Schamgefühl verloren haben, schließen zwar die Fremden aus, baden aber mit ihren eigenen

---

[37] vgl. Clemens von Alexandria, Paidagogos, Buch 3, Kp 5; Cyprian, Über die Haltung der Jungfrauen, Kp 19; Apostolische Konstitutionen Buch 1, Abschn 3, Kp 9

Dienern zusammen und ziehen sich vor ihren Sklaven nackt aus und lassen sich von ihnen abreiben."[38]

Im Gegensatz dazu lehrten die Christen, dass Männer und Frauen nicht öffentlich und gemeinsam baden sollten. Ihre Einstellungen bezüglich Anstand und Sittsamkeit waren keine Widerspiegelung der römischen Kultur, sondern der göttlichen Kultur.[39]

Hat die römische Version von Anstand nicht auch ihre Parallele in der heutigen amerikanischen Gesellschaft? Den meisten Amerikanern wäre es ziemlich peinlich, in der Öffentlichkeit nur in Unterwäsche gesehen zu werden. Und doch denken sie sich nichts dabei, am Pool in Badesachen zu liegen, die nicht weniger offenbarend sind. Und folgen wir Christen nicht im Allgemeinen brav unserer Kultur? Wir bewegen uns in der Öffentlichkeit in Badesachen, die noch vor 50 Jahren sogar Nicht-Christen geschockt hätten. Aber da unsere Badesachen in der modernen konservativen Gesellschaft akzeptiert werden, denken wir uns nichts dabei. Ich sage das selbstkritisch, da ich früher Christen, die gegen moderne Badesachen protestieren, als prüde und viktorianisch abgestempelt habe. Das Zeugnis der frühen Christen hat mich meine Position überdenken lassen.

---

[38] Clemens von Alexandria, Paidagogos, Buch 3, Kp 5 (Text nach BKV)

[39] vgl. Clemens von Alexandria, Paidagogos, Buch 3, Kp 5; Cyprian, Über die Haltung der Jungfrauen, Kp 19

Römische Unterhaltung – nicht jugendfrei

Römer der gehobenen Klassen hatten viel Freizeit. Sie füllten ihre Abende und Urlaube mit üppigen Gelagen, Theater und Sportveranstaltungen in der Arena. Die Festmähler dauerten manchmal bis zu zehn Stunden. Es war gar nicht so unerhört, dass ein Festmahl aus 22 Gängen bestehen konnte, zu denen Delikatessen wie Schweineeuter und Pfauenzungen gehörten. Aber Christen hatten keine Freude an diesen üppigen Gelagen.

Das römische Theater wurde von den Griechen entliehen, und die beliebtesten Themen waren Verbrechen, Ehebruch und Unsittlichkeit. Jungen oder Prostituierte spielten die weiblichen Rollen. Obwohl das Theater ein beliebter Zeitvertreib für gebildete Römer war, mieden es Christen wie die Pest. Laktanz schrieb: „Ich neige zu der Ansicht, dass der verderbliche Einfluss der Bühne noch schlimmer ist [als der der Arena]. Die Komödien drehen sich um das Entjungfern von Jungfrauen, oder die Liebe zu Prostituierten. ... Ähnlich sind ihre Tragödien, die vor den Augen [des Publikums] mit Elternmord oder dem Inzest eines gottlosen Königs protzen ... Ist die Kunst der Pantomimen besser? Sie lehren Ehebruch, indem sie ihn darstellen. Welche Reaktion erwarten wir von unseren Jugendlichen, wenn sie sehen, wie diese Dinge ohne Scham getan und von jedem begierig beobachtet werden?"[40]

Tertullian ergänzte: „[dass] der, welcher zu Hause die Ohren seiner jungfräulichen Tochter schon vor jedem schnöden Worte

---

[40] Laktanz, Institutes Buch 6, Kp 20 (aus dem Englischen übersetzt)

bewahrt, sie ins Theater mitnimmt zu solchen Worten und Gebärden." Er fragte rhetorisch: „Wenn wir nun jede Schamlosigkeit verabscheuen sollen, wie könnte es uns erlaubt sein, anzuhören, was zu sagen unerlaubt ist, da sogar jeder schlechte Spaß und jedes vergebliche Wort, wie wir wissen, vom Herrn gerichtet wird? Wie sollte, was aus dem Munde ausgehend den Menschen verunreinigt, durch Augen und Ohren eingehend ihn nicht verunreinigen?"[41] (Matthäus 15,17-20)

Obwohl hauptsächlich die höheren römischen Schichten Theater und Festmähler besuchten, trafen sich sowohl Arm und Reich in der Arena. Die Spiele in der Arena waren dazu gedacht, den unstillbaren Durst der Römer nach Gewalt, Brutalität und Blut zu stillen. Die brutalen Wagenrennen waren die beliebteste Veranstaltung. Im Verlauf dieser Rennen kollidierten die Wagen unweigerlich und katapultierten ihre Fahrer auf die Laufbahn, wo sie entweder durch die panischen Pferde zu Tode geschleppt, oder von den anderen Gespannen zertrampelt wurden. Währenddessen wurde die Menge verrückt vor Aufregung.

Trotzdem befriedigten der Tod und die Gewalt, die die Wagenrennen begleiteten, nicht den Durst der Römer nach Blut. Deswegen wurden wilde Tiere, manchmal hunderte von ihnen, in die Arena gebracht, um sich zu bekämpfen – Wölfe gegen Hirsche, Löwen gegen Stiere, Hundehorden gegen Bären – und alle möglichen anderen Kombinationen, die verschrobene Köpfe ersinnen konnten. Einmal jagten bewaffnete Männer Tiere, ein anderes Mal jagten ausgehungerte Tiere unbewaffnete Christen. Aber die Römer verlangten sogar mehr. Also wurden menschliche

---

[41] Tertullian, Über die Schauspiele, Kp 21 und 17 (Text nach BKV)

Gladiatoren gegen einander zu einem Kampf auf Leben und Tod gehetzt. Gladiatoren waren normalerweise Gefangene, die schon zum Tode verurteilt waren. Die Römer hielten es für eine noble Geste, diesen Männern noch eine Chance zu geben. Wenn ein Gladiator in mehreren Kämpfen triumphierte, konnte er sogar seine Freiheit gewinnen. Aber auch hier folgten die Christen nicht der Kultur ihrer Zeit. Laktanz erzählte seinen römischen Freunden:

„Wer es unterhaltsam findet zuzuschauen, wenn ein Mensch getötet wird, selbst wenn dieser rechtmäßig verurteilt wurde, vergiftet sein Gewissen gerade so, als ob er ein Komplize oder freiwilliger Zuschauer bei einem heimlichen Mord wäre. Und doch nennen sie das „Sport" – wo menschliches Blut vergossen wird! ... Wenn sie sehen, wie jemandem der Todesstoß angesetzt wird, und er um Gnade fleht, können sie noch als gerecht gelten, wenn sie nicht bloß erlauben, dass der Mann getötet wird, sondern es sogar fordern? Sie geben ihre grausame und unmenschliche Stimme für den Tod ab und sind nicht damit zufrieden, dass einfach Blut vergossen wird oder offene Wunden zu sehen sind. Sie verlangen sogar, dass die schon verwundet am Boden liegenden Gladiatoren nochmals angegriffen und ihre Körper mit Hieben verstümmelt werden, um sicher zu gehen, dass sie sich nicht nur tot stellen.

Die Massen sind sogar zornig auf die Gladiatoren, wenn einer der beiden nicht schnell getötet wird. Als ob sie wirklich nach menschlichem Blut durstig sind, hassen sie Verzögerungen ... Indem sie sich solchen Praktiken hingegeben, haben sie ihre Menschlichkeit verloren. ... Darum ziemt es sich nicht für jene, die nach dem Pfad der Gerechtigkeit streben, an diesem öffentlichen Morden teilzunehmen. Wenn Gott uns verbietet zu töten, dann verbietet er nicht bloß die Gewalt, die durch öffentliche Gesetze verurteilt ist, sondern auch die Gewalt, die von Menschen als rechtmäßig betrachtet wird."[42]

Sind wir bereit, diese kompromisslose Einstellung gegenüber der heutigen Unterhaltung einzunehmen? Nach dem Lesen dieses Standpunktes trat ich einen Schritt zurück, um einen Blick auf mich selber zu werfen. Ich musste zugeben, dass ich der Kultur, in der ich lebe, erlaubte, meinen persönlichen Standard bezüglich Unterhaltung zu diktieren. Ja, ich mied Filme, die auch die Konservativen in der Gesellschaft für zu gewagt hielten. Trotzdem konsumierte ich immer wieder Unterhaltung, die mit Gewalt, Verbrechen und Unsittlichkeit gespickt war. Ich war bereit, Obszönität, Lästerung und kurz aufblitzende Nacktheit zu akzeptieren, solange die Filmindustrie einen Film nicht schlechter als „jugendfrei ab 13" bewertete. Also ließ ich die Filmindustrie für mich entscheiden, was zum Anschauen geeignet war und was nicht. Die Kultur, in der ich lebe, bestimmte meinen Standard bezüglich Unterhaltung.

Evolution vor Darwin

Die Römer konnten deswegen mit Vergnügen zusehen, wie Menschen mit Schwertern abgeschlachtet und von wilden Tieren auseinander gerissen wurden, weil sie glaubten, dass der Mensch nur ein hoch entwickeltes Tier sei. Die Ansicht, dass sich der

---

[42] Laktanz, Institutes Buch 6, Kp 20 (aus dem Englischen übersetzt)

Mensch langsam zu der heutigen Form entwickelt hat, ist keinesfalls eine moderne Sichtweise. Und der Glaube, dass das Universum durch die zufällige Kollision von Materie entstand, ist es auch nicht. Gebildete Römer hatten vielfach dieselben Ansichten wie heutzutage weltliche Wissenschaftler.

Ein früher Christ schrieb: „Manche leugnen die Existenz irgendeiner göttlichen Macht. Andere forschen täglich, ob eine solche existiere oder nicht. Wieder andere würden die Entstehung des Weltalls durch Zufälle und zufällige Kollisionen erklären, geformt durch die Bewegung von verschiedenartigen Atomen."[43] Sogar der Begriff „Atom" ist keine Erfindung des 20. Jahrhunderts, sondern wurde von griechischen Philosophen geprägt.

Laktanz beschrieb auch das römische, wissenschaftliche Gedankengut seiner Tage: „Manche Leute lehren, dass die ersten Menschen ein nomadisches Leben in den Wäldern und Ebenen führten. Sie waren weder durch eine gemeinsame Sprache noch durch Gesetze vereinigt. Stattdessen lebten sie in Höhlen und Grotten und betteten sich auf Blättern und Gras. Sie wurden die Beute von stärkeren Tieren. Schließlich haben sich die, die dem Zerrissenwerden [durch die Tiere] entkommen konnten … zum Schutz mit anderen Menschen zusammengetan. Zuerst kommunizierten sie nur durch Zunicken, dann probierten sie einfache Sprachelemente aus. Indem sie verschiedenen Objekten Namen gaben, entwickelten sie Schritt für Schritt ein Sprachsystem."[44]

---

[43] Arnobius, Gegen die Heiden, Buch 1, Kp 31 (aus dem Englischen übersetzt)
[44] Laktanz, Institutes Buch 6, Kp 10 (aus dem Englischen übersetzt)

Der christliche Glaube, dass alle Menschen von einem ersten menschlichen Paar abstammen, bedeutet, dass alle Menschen gleichwertige Geschwister sind. Dies war ein ungewöhnlicher Gedanke für die römische Kultur. Durch die Lehre einer göttlichen Schöpfung imitierten die Christen nicht etwa nur, was schon jeder andere in der Gesellschaft glaubte. Im Gegenteil, gebildete Griechen und Römer lachten Christen für ihren Schöpfungsglauben aus. Dieselben Intellektuellen akzeptierten schnell Schriften anderer ethnischer Gruppen, die die Herkunft der Menschheit betrafen, egal wie lächerlich diese Erklärungen waren. Aber die Schriften der Juden und Christen zum Thema Schöpfung lehnten sie kurz und bündig ab, egal wie viel Sinn sie machten.[45]

Für die Römer wurden *nicht* alle Menschen gleich erschaffen

So gut wie jede Gesellschaft hält Klassengrenzen aufrecht, und die römische war keine Ausnahme. Reiche Römer schauten auf

---

[45] Origens schreibt über Celsus: „Billigerweise nun könnten wir ihn fragen, warum er eigentlich den Berichten der Barbaren und Griechen über das Altertum der von ihm aufgeführten Völker Glauben geschenkt hat und nur die Erzählungen dieses Volkes als lügenhaft erklärt? ... Man beachte nun hier sofort die Selbstsucht dieses Mannes, der den einen Völkern, da er sie für weise hält, Glauben schenkt, die andern aber geringschätzt, weil sie ganz unverständige Leute seien. ... Die Darstellung des Celsus scheint also weniger wahrheitsliebend als gehässig zu sein, da er die Absicht hat, den Ursprung des Christentums, der an die Juden anknüpft, herabzuwürdigen. ... Wenn nun die Ägypter, um ihrer Lehre Würde zu verleihen, die Verehrung ihrer Tiere theologisch zu begründen suchen, so sind sie weise; wenn aber jemand, der dem Gesetz und dem Gesetzgeber der Juden zustimmt, alle Dinge allein auf Gott, den Schöpfer der Welt, zurückführt, so steht er in den Augen des Celsus und seiner Gesinnungsgenossen tiefer."

Origenes, Gegen Celsus, Buch 1, Kp 14-20 (Text nach BKV)

arme Römer herab. Freie Menschen schauten auf Sklaven herab. Einige Berufe wurden als höherwertig angesehen als andere. Sogar die Juden hielten Klassengrenzen unter sich aufrecht. Römische Bürger hielten sich für besser als alle anderen Menschen. Einmal mehr stemmten sich die frühen Christen gegen diesen gesellschaftlichen Strom. Tatsächlich war ihre Lehre der Brüderlichkeit der Menschen fast revolutionär.

Clemens schrieb: „Gott hat aber unser Geschlecht zu enger Gemeinschaft geschaffen, indem er selbst zuerst Anteil an dem Seinigen gab und allen Menschen gemeinsam seinen eigenen Logos zu Hilfe sandte, nachdem er alles für alle geschaffen hatte. Alle Dinge sind daher gemeinsames Eigentum, und die Reichen sollen für sich nicht mehr in Anspruch nehmen als die anderen. Das Wort also: „Es steht nur zur Verfügung, und ich habe es im Überfluss, warum sollte ich es nicht genießen?" ist eines Menschen nicht würdig und kein Zeichen der engen Gemeinschaft; dagegen würde mehr liebevolle Gesinnung das Wort verraten: „Es steht mir zur Verfügung; warum sollte ich davon nicht denen mitteilen, die es nötig haben?" ... [Es] ist aber verkehrt, wenn ein einzelner im Überfluss lebt und viele in Not sind."[46]

Ein Jahrhundert später schrieb Laktanz: „Aus Gottes Sicht ist niemand ein Sklave und niemand ein Herr. Da wir alle denselben Vater haben, sind wir alle gleichermaßen Gottes Kinder. Niemand ist in Gottes Augen arm, außer jener, dem Gerechtigkeit mangelt. Niemand ist reich, außer dem, der einen Überfluss an Tugenden aufweist. ... Der Grund, warum weder die Römer noch die Grie-

---

[46] Clemens von Alexandrien, Paidagogos, Buch 2 Kp 12,120 (Text nach BKV)

chen Gerechtigkeit ihr eigen nennen können, liegt in ihren vielen Klassenunterschieden. Die Reichen und die Armen. Die Mächtigen und die Niedrigen. Die höchste Autorität der Könige und der einfache Mensch ... Nun mögen manche fragen: „Ist es nicht wahr, dass auch unter den Christen einige arm und andere reich sind? Manche Herren und andere Sklaven? Sind das nicht auch Unterschiede zwischen den Menschen?" Aber es sind keine. In Wirklichkeit ist der Grund, warum wir einander Brüder nennen, der Glaube, dass wir alle gleich sind. ... Auch wenn die äußeren Umstände im Leben der Christen unterschiedlich sein mögen, betrachten wir niemanden als Sklaven. Stattdessen reden wir sie als Brüder im Geist und als Mitknechte Christi an – und behandeln sie auch so."[47]

Die Rolle der Frau in der römischen Religion

Paulus schrieb den Korinthern: „Eure Frauen [sollen] in den Gemeinden schweigen, denn es wird ihnen nicht erlaubt, zu reden, sondern sie sollen sich unterordnen, wie auch das Gesetz sagt. Wenn sie aber etwas lernen wollen, so sollen sie daheim ihre eigenen Männer fragen; denn es ist schändlich für eine Frau, in der Gemeinde zu reden" (1. Korinther 14,34-35). Und er sagte Timotheus: „Eine Frau lerne in der Stille in aller Unterordnung. Ich erlaube aber einer Frau nicht, zu lehren, noch über den Mann zu herrschen, sondern ich will, dass sie sich in der Stille halte" (1. Timotheus 2,11-12).

---

[47] Laktanz, Institutes Buch 5, Kp 15+16 (aus dem Englischen übersetzt)

In keinem anderen Bereich wird die Bibel heutzutage so stark attackiert, wie in der Lehre von der Rolle der Frau in der Gemeinde. Es wird oft gesagt, dass die Apostel und frühen Christen nur die kulturellen Überzeugungen ihrer Zeit bezüglich der Rolle der Frau in Religion und in der Gesellschaft stärken wollten. Aber römische Frauen waren nicht gerade für ihren unterwürfigen Charakter bekannt. Ein Römer kommentierte: „Wir regieren die Welt, aber unsere Frauen regieren uns."[48]

In römischen Religionen dienten die Frauen in denselben Rollen wie die Männer. Weibliche Hohepriester regierten viele Tempel. Marcus Minucius Felix, ein christlicher Anwalt, beschrieb römische Religion so: „In einige [Tempel] darf kein Mann gehen; zu manchen Gottesdiensten ist den Frauen der Zutritt versagt; auch ist es für Sklaven ein sühneheischendes Vergehen, bestimmten Zeremonien anzuwohnen. Manche Heiligtümer bekränzt eine Frau, die nur einen Mann hat, andere eine Frau vieler Männer."[49] Tatsächlich war die leitende religiöse Hauptfigur in der antiken mediterranen Welt das Orakel von Delphi. Und dieses Orakel war immer eine Frau.

Wenn die Rolle der Frau in der Gemeinde nur eine Frage der Kultur gewesen wäre, und nicht der apostolischen Lehre, würden wir erwarten, dass Frauen in der rechtgläubigen Kirche und in häretischen Gruppen ähnliche Rollen hätten. Aber das ist nicht der Fall. Frauen durften in den meisten häretischen Sekten lehren und amtieren. Tertullian machte diesen Kommentar zur Rolle der Frauen in diesen Gruppen: „Sie unterstehen sich zu lehren, zu

---

[48] Bart Winer, „Life in the Ancient World" (New York: Random House Inc.,) S 176

[49] Marcus Minucius Felix, Oktavian, Kp 24 (Text nach BKV)

disputieren, Exorzismen vorzunehmen, Heilungen zu versprechen, vielleicht auch noch zu taufen."⁵⁰ Die beiden leitenden Hauptfiguren in der Montanistischen Sekte (nach ihrem Gründer Montanus benannt) waren zwei Frauen: Maximilla und Priscilla. Tatsächlich kamen die meisten Prophezeiungen und neuen Lehren dieser Sekte von ihren weiblichen Mitgliedern.

Deswegen kann der Ausschluss von Frauen von den Lehr- und Leitungsämtern in der Kirche nicht auf die römische Gesellschaft zurückzuführen sein.

„Einen Moment", mögen Sie denken. „Vielleicht folgte die Kirche nicht der römischen Gesellschaft in dieser Sache, aber sie folgte jedenfalls der jüdischen Gesellschaft." Und es stimmt, dass Frauen von der jüdischen Priesterschaft ausgeschlossen waren. Aber bedenken Sie, dass die jüdische Priesterschaft kein menschliches Produkt war. Sie wurde göttlich verfügt. Außerdem waren Mitte des zweiten Jahrhunderts die meisten Christen heidnischer Herkunft, und sie lebten absolut nicht nach der jüdischen Kultur. Sie hielten nicht den Sabbat, praktizierten keine Beschneidung, beachteten keine jüdischen Essensvorschriften, feierten keine jüdischen Feste und folgten auch keinen anderen jüdischen Gewohnheiten, die nicht ausdrücklich mit der christlichen Lehre übereinstimmten.

Die frühchristliche Kirche gehorchte einfach nur der Lehre der Apostel bezüglich der Rolle der Frau in der Gemeinde, genauso, wie sie allen andern Lehren folgte. Sie wandte sich damit gegen die römische Gesellschaft, anstatt ihr zu folgen.

---

[50] Tertullian, Prozesseinreden gegen die Häretiker, Kp 41 (Text nach BKV)

Feministen und moderne Theologen behaupten, dass die Position der Kirche bezüglich Frauen von der Frauenverachtung der Apostel und frühen Gemeindeleiter herrührte. Aber die Schriften der frühen Christen bezeugen das Gegenteil. Zum Beispiel schrieb Felix: „Er möge jedoch wissen, dass alle Menschen ohne Unterschied des Alters, Geschlechtes, Ranges als mit Vernunft und Bewusstsein begabt und dafür fähig erschaffen wurden."[51] Clemens schrieb: „[So erkennen wir], dass die Tugend für Mann und Frau dieselbe ist. Denn wenn beide nur einen Gott haben, so haben beide auch nur einen Erzieher."[52]

Aber zurück zur Gegenwart. Warum ist die Rolle der Frau in der Kirche heutzutage so sehr zur Diskussion gestellt? Sind neue Bibelmanuskripte mit einer anderen Lehre aufgetaucht? Oder sagt uns unsere Kultur, dass Männer und Frauen die gleichen Rollen ausfüllen sollten? Wer kann der zeitgenössischen Gesellschaft nicht widerstehen – wir oder die frühen Christen?

Ist „konservativ" und „göttlich" dasselbe?

Heutzutage rühmen sich Christen oft, anders als die Gesellschaft zu sein. Aber in der Realität sind sie meistens nur anders als *ein bestimmter Teil* der Gesellschaft.

Liberale Christen denken, dass sie anders als die Welt seien, weil sie sich nicht für so blindgläubig, engstirnig und kleinkariert hal-

---

[51] Marcus Minucius Felix, Oktavian, Kp 16 (Text nach BKV)
[52] Clemens von Alexandria, Paidagogos, Buch 1, Kp 4,10 (Text nach BKV)

ten wie der konservative Block unserer Gesellschaft. Aber letztendlich unterscheiden sich die Überzeugungen und der Lebensstil der liberalen Christen nicht von den liberalen Nicht-Christen.

Das gleiche Prinzip gilt für die Evangelikalen. Nur weil wir an konservativen westlichen Werten festhalten, reden wir uns ein, kulturell unabhängig zu sein. Aber konservative Überzeugungen können genauso wie liberale Überzeugungen Teil der Welt sein. Haben sich unsere Überzeugungen hinsichtlich Scheidung, Unterhaltung und anderen Themen nicht analog zu Veränderungen in der Kultur mitverändert?

Geistlich gesehen macht es wenig Unterschied, ob wir uns dem liberalen oder dem konservativen Anteil der Gesellschaft anpassen. Der Grund dafür ist, dass heutige konservative Überzeugungen nur vor wenigen Jahrzehnten als liberal galten.

Ich erinnere mich an eine Unterhaltung, die ich 1969 mit einem Disk-Jockey, Mitte Dreißig, führte. Wir hatten eine lebhafte Diskussion über aktuelle Themen dieser Zeit – Rassendiskriminierung, Brutalität der Polizei, Drogen und den Vietnamkrieg. An der Art und Weise seiner Radiomoderation erkannte ich seine standhaften, konservativen Ansichten, die mich etwas betroffen machten. Am Ende bemerkte ich: „Du bist wirklich ein radikaler Verfechter des rechten Flügels, nicht wahr?"

Er lächelte und antwortete: „Nein, ich bin nicht einmal konservativ, eigentlich mehr in der Mitte des politischen Spektrums." Er machte eine Pause, in der er meine skeptische Miene beobachtete. Dann fügte er mit einem Grinsen hinzu: „Es ist nur so, dass sich das politische Spektrum verschoben hat."

Damals verwarf ich seine Worte als Selbstrechtfertigung. Aber seine Bemerkung ließ mich nicht los. Heute schätze ich sie als wahr ein. Das Spektrum verschiebt sich immer noch. Wir täuschen uns nur selber, wenn wir konservative Überzeugungen mit göttlichen gleich setzen.

In der Realität ist die Kirche des 21. Jahrhunderts mit der Welt verkuppelt. Die Überzeugungen, der Lebensstil und die Themen der Gesellschaft sind schon bald die Überzeugungen, der Lebensstil und die Themen der Kirche. Russ Taff, ein populärer christlicher Sänger, machte kürzlich diese ehrliche Beobachtung über die heutige evangelikale Kirche: „Christen gehen zu Therapeuten, Christen haben Familienprobleme und Christen werden Alkoholiker. Der einzige Unterschied zwischen Gläubigen und Nicht-Gläubigen ist der einfache Glaube an unseren Schöpfer-Gott, der uns liebt und täglich hilft." Ich glaube, Russ Taffs Analyse ist ehrlich. Aber ich finde es auch sehr traurig, dass das alles ist, was bekennende Christen heute wahrhaftig sagen können.

Ursprünglich unterschieden sich Christen sehr von der Gesellschaft, in der sie lebten. Ihr Lebensstil war ihr primäres Zeugnis. Natürlich lebte nicht jeder das gottgefällige Leben, das ich in diesem Kapitel beschrieben habe. Trotzdem war dieser Lebensstil der *normale* christliche Lebensstil der ersten Jahrhunderte.

Warum waren *sie* fähig, unabhängig von der zeitgenössischen Kultur zu leben, während *wir* es als so schwierig empfinden? Welche Kraft hatten sie, die uns fehlt?

5. Warum sie Erfolg hatten, wo wir oft versagen

Als ich vor Jahren mein Studium der frühchristlichen Schriften anfing, war ich hauptsächlich daran interessiert, die historische Entwicklung der christlichen Lehre zurückzuverfolgen. Es war eine akademische Herausforderung. Ich erwartete nicht, vom Lesestoff inspiriert oder herausgefordert zu werden. Aber so einfach ging es nicht. Bald schon war ich zutiefst berührt vom Zeugnis und Lebensstil der frühen Christen. „Das ist es also, was absolute Hingabe bedeutet", sagte ich mir. Obwohl ich in meinen christlichen Kreisen meist als ein überdurchschnittlich hingegebener Christ gelte, erkannte ich schmerzlich, dass ich in der frühen Kirche als ein kompromissbereites, geistlich schwaches Mitglied angesehen worden wäre.

Je mehr ich las, desto mehr sehnte ich mich nach dem engen Wandel mit Gott, den die frühen Christen genossen. Ich sehnte mich danach, die Sorgen dieser Welt abschütteln zu können, wie sie es getan hatten. Ich wollte mein Leben und meine Einstellungen allein nach Christus ausrichten – nicht nach der Kultur des 20. Jahrhunderts. Aber ich kam mir dabei so kraftlos vor. Warum konnten sie, was ich nicht konnte? Ich begann in ihren Schriften nach Antworten zu suchen, und ich fand dort drei Hauptursachen:

- Die unterstützende Rolle der Gemeinde
- Die Botschaft vom Kreuz

- Die Ansicht, dass Gehorsam ein Gemeinschaftsprojekt zwischen den Menschen und Gott ist

Wie die Kirche Einzelnen half, geistlich zu wachsen

„Kein Mensch ist eine Insel", schrieb John Donne[53], ein christlicher Dichter des 16. Jahrhunderts. Menschen sind von Natur aus soziale Geschöpfe, und wir neigen dazu, uns der uns umgebenden Gesellschaft anzupassen. Deshalb ist es so schwer, gegen den Strom unserer Kultur zu schwimmen. Aber es gab auch Zeiten in der menschlichen Gesellschaft, in denen sich große Zahlen von Menschen den Werten und dem Lebensstil ihrer Kultur widersetzten. Die Hippie-Bewegung der 1960er Jahre ist ein Musterbeispiel dafür. In den 60er Jahren lehnten tausende junger Leute – viele davon entstammten dem Mittelstand – die materialistischen Ziele und die modische Bekleidung der amerikanischen Mainstream-Gesellschaft ab. Stattdessen verfolgten sie einen anderen Lebensstil.

Was befähigte diese jungen Leute, aus ihrer kulturellen Prägung auszubrechen und unangepasst zu sein? Die Antwort liegt in der Tatsache begründet, dass sie nicht wirklich unangepasst waren. Sie passten sich einfach einer anderen Gesellschaftsform an.

Dies war eines der Geheimnisse der frühen Christen. Sie konnten die gottlosen Einstellungen, Praktiken und Unterhaltungsformen ihrer Kultur ablehnen, weil sie sich einer anderen Kultur

---

[53] John Donne, Devotions

angepasst hatten. Zehntausende andere Christen teilten dieselben Werte, Einstellungen und Unterhaltungsstandards. Der einzelne Christ musste sich nur *anpassen* – anpassen an den Leib der Gläubigen. Ohne die Kirche wäre die Durchführung eines gottgefälligen Lebensstils unendlich schwieriger gewesen.

Cyprian beobachtete: „Brich vom Baume einen Zweig: einmal abgebrochen, wird er nicht mehr zu sprossen vermögen; schneide einen Bach ab von seiner Quelle; sofort wird er vertrocknen."[54]

Die frühchristliche Kirche war eine disziplinierte Kirche. Im Gegensatz zu späteren religiösen Gruppen versuchten die frühen Christen jedoch nicht, Gerechtigkeit durch ein umfassendes Regelwerk herbei zu zwingen. Stattdessen verließen sie sich auf eine gesunde Lehre, rechtschaffene Vorbilder und das verwandelnde Wirken des Heiligen Geistes. Kirchen, die sich auf ausgedehnte Regelwerke stützen, um persönliche Heiligkeit zu bewirken, können statt Heilige leicht Pharisäer hervorbringen. Aus diesem Grund betonte die frühe Kirche die Notwendigkeit, dass sich neue Gläubige *von innen her* veränderten. Äußerlichkeiten wurden als wertlos erachtet, es sei denn sie spiegelten das wider, was im Inneren einer Person geschah.

Clemens erklärte: „Gott wird jene nicht krönen, die sich nur durch Überredung der Gottlosigkeit enthalten, sondern jene, die dies freiwillig tun. Es ist einem Menschen unmöglich, konstant rechtschaffen zu leben, außer aufgrund seiner freien Entscheidung. Wenn jemand durch die Überredung eines anderen „gerecht" gemacht wird, ist er nicht wirklich gerecht. ... Die

---

[54] Cyprian von Karthago, Über die Einheit der katholischen Kirche, Kp 5 (Text nach BKV)

Freiheit jeder Person bringt wahre Gerechtigkeit hervor und offenbart wahre Gottlosigkeit."[55]

So verlangte die frühe Kirche zum Beispiel nicht, obwohl sie eine Lehre über einfache Kleidung vertrat, dass die einzelnen Christen irgendeine besondere oder erkennbare Art von Kleidung tragen sollten, und frühe Christen zogen sich nicht alle gleich an. Obwohl die Kirche gegen Kosmetika war, benutzten manche Frauen sie dennoch. Andere Christen missachteten den Rat der Kirche und besuchten das Theater und die Arena. Sie wurden nicht deswegen aus der Gemeinschaft ausgeschlossen. Trotzdem war die Methode der Kirche wirksam, denn sogar die Römer bezeugten die Tatsache, dass die meisten Christen in all diesen Fragen freiwillig der Weisung der Kirche folgten.[56]

Natürlich kann die Kirche nur dann effektiv durch ihr Beispiel lehren, wenn sie, als ein Leib, sich der Lehre Christi angepasst hat. Ansonsten kann die Kirche genauso sehr Hindernis wie Hilfe sein. Wie wäre zum Beispiel heutzutage die Einstellung der meisten Christen gegenüber einem Gläubigen, der sich unabhängig von der Mode einfach und bescheiden kleidete? Der sich nicht für die gefährlichen Sportarten von heute interessierte? Der sich weigerte, Fernsehprogramme und Filme anzuschauen, die sich nur um Unmoral drehen, oder die mit Weltlichkeit und Darstellungen von Gewalt gespickt sind? Seien wir ehrlich – man würde ihn vermutlich für einen Fanatiker halten!

---

[55] Clemens von Alexandria, Maximus, Sermon 55 (übersetzt aus dem Englischen)

[56] vgl. Marcus Minucius Felix, Octavian Kp 8+12; Tertullian, Über die Schauspiele, Kp 20+24

Würde darüber hinaus eine *ganze Gruppe* Christen so leben, würde man sie wahrscheinlich als Sekte bezeichnen. Kurz gesagt, die *Kirche* des 21. Jahrhunderts würde solche Christen in genau demselben Licht betrachten wie die *Römer* die frühen Christen. Wenn ein Christ unserer Zeit so leben wollte wie die frühen Christen, so müsste er wirklich sehr unangepasst sein. Und es ist extrem schwer, unangepasst zu sein.

Hirten, die durch die Schule der harten Schläge gegangen waren

Die Hingabe, die Christen in der ganzen frühen Kirche gleichermaßen an den Tag legten, spiegelte direkt die Art und Weise wider, in der sie geleitet wurden.

Die heutigen evangelikalen Gemeinden werden üblicherweise von einem Pastor und einem Ältestenrat und/oder einer Gruppe von Diakonen geleitet. Normalerweise bringt der Pastor eine professionelle Ausbildung mit Seminarabschluss mit, und er ist nicht in der Gemeinde aufgewachsen, die ihn anstellt. Häufig hat er keine Führungsautorität vor der Gemeinschaft, als allein die Macht der Überredung. Der Ältestenrat oder die Diakone haben normalerweise Vollzeitjobs außerhalb der Gemeinde. Sie verwalten die Gemeindefinanzen und –programme und legen oft auch die Gemeindegrundsätze fest. Aber normalerweise geht niemand aus der Gemeinde zu ihnen, um sich geistlich Rat zu holen, und sie sind meistens nicht die Hirten der Herde.

Obwohl wir für Gemeindeleiter in vielen Fällen die gleichen Bezeichnungen verwenden wie die frühen Christen – wie z.B. Älteste (oder Presbyter) und Diakone –, weicht unsere Gemeindeverwaltung *in ihrem Wesen* erheblich von der ihren ab. Anstelle eines einzigen angestellten Pastors bestand der gesamte Ältestenrat (Presbyterium) in den frühen Gemeinden aus Vollzeitpastoren. Als das Christentum sich ausbreitete, war es nicht möglich, dass alle Christen einer bestimmten Stadt sich an einem Ort trafen. Jede der räumlich getrennten Gemeinschaften hatte jedoch mindestens einen Ältesten oder Presbyter, der sie betreute. Und jede Stadt besaß einen Bischof, der die Aufsicht über alle diese einzelnen Versammlungen in jener Stadt hatte. Dies half, die örtlichen Gemeinschaften der Gläubigen zu einen. Aus diesem Grund konnten die frühen Christen tatsächlich von *der Gemeinde* in Korinth oder Rom sprechen, statt von den Gemeinden.

Der Aufseher (Bischof) und die Ältesten (Presbyter) waren keine Außenstehenden, die in die Ortsgemeinde versetzt worden waren. Vielmehr hatten sie in der Regel schon seit Jahren in diesem Ort gelebt. Ihre Stärken und Schwächen waren der gesamten Gemeinde gut bekannt. Außerdem qualifizierten sie sich für den Dienst als Aufseher und Älteste nicht durch eine Schulausbildung, die ihren Kopf mit Wissen anfüllte. Die Gemeinde war eher an der *geistlichen* Tiefe eines Leiters interessiert als an seiner intellektuellen Tiefe. Wie eng wandelte der Mann mit Gott? War er über Jahre hinweg den anderen Christen ein gutes Vorbild gewesen? War er bereit, sein Leben für Christus hinzugeben? Tertullian sagte den Römern: „Es führen den Vorsitz die jedesmaligen bewährteren Ältesten, die jene Ehre nicht durch Geld, sondern durch gutes Zeugnis erlangt haben."[57]

---

[57] Tertullian, Apologetikum, Kp 39 (Text nach BKV)

Es gab keine Seminare. Ein Anwärter auf das Amt eines Gemeindeleiters lernte die notwendigen Fähigkeiten dafür aus Erfahrung. Er wurde durch den bestehenden Ältestenrat trainiert, und er lernte, nahe bei Gott zu wandeln und sich um andere zu kümmern, indem er das Beispiel der anderen Leiter sah und nachahmte. Ihm wurde unter ihrer Aufsicht die Möglichkeit gegeben, praktische Erfahrungen zu sammeln, und er durfte Fehler machen. Er musste in der Lage sein, ebenso durch sein Beispiel wie durch Worte zu lehren, bevor er überhaupt als Ältester oder Aufseher in Betracht gezogen wurde.

Laktanz erklärte den Unterschied zwischen christlichen und heidnischen Lehrern so:

„Im Hinblick auf jemanden, der Grundsätze lehrt, nach denen man leben und den Charakter formen soll, frage ich: „Ist er nicht verpflichtet, selbst nach den Grundsätzen zu leben, die er lehrt?" Wenn er selbst nicht danach lebt, dann ist seine Lehre null und nichtig. ... Sein Schüler wird ihn etwa folgendes antworten: „Ich kann die Dinge nicht tun, die du lehrst, denn sie sind unmöglich. Du verbietest mir, zornig zu sein. Du verbietest mir zu begehren. Du verbietest mir zu gelüsten. Du verbietest mir, Schmerz und Tod zu fürchten. Das steht in völligem Gegensatz zur Natur; alle Lebewesen sind diesen Gefühlen unterworfen. Wenn du so davon überzeugt bist, dass man gegen die natürlichen Impulse leben kann, dann lass mich zuerst sehen, wie *du* diese Dinge lebst, die du lehrst. So werde ich wissen, dass es möglich ist.

... Wie will der Lehrer diese Ausrede der Eigenwilligen entkräften, wenn er sie nicht durch sein Beispiel lehrt, damit sie mit ihren eigenen Augen sehen können, dass die Dinge, die er lehrt, möglich sind? Aus genau diesem Grund gehorcht niemand den Lehren der Philosophen. Die Menschen ziehen Beispiele Worten vor, denn es ist leicht zu reden, aber schwer es auch zu tun."[58]

In einem seiner Briefe beschrieb Cyprian den Vorgang, wie ein neuer Bischof oder Aufseher ausgewählt wurde: „Vor der ganzen Gemeinde, so befiehlt der Herr, soll der Hohepriester aufgestellt werden, das heißt: er lehrt und zeigt, dass die Einsetzung von Priestern nur im Einverständnis mit dem dabei anwesenden Volk erfolgen darf. ... Es müssen in der Gemeinde, für die ein Vorsteher ernannt wird, zur richtigen Durchführung dieser Wahl alle Nachbarbischöfe der gleichen Provinz zusammenkommen, und der Bischof wird in Gegenwart des Volkes auserkoren, das das Leben des einzelnen vollständig kennt."[59]

War ein Ältester oder Aufseher einmal ernannt worden, so blieb er normalerweise für den Rest seines Lebens in dieser Ortsgemeinde, es sei denn, dass Verfolgung ihn zum Umzug zwang. Er diente nicht für drei oder vier Jahre und zog dann zu einer größeren Gemeinde mit besserem Entgelt. Wie schon vorher gesagt wurde, war nicht nur der Aufseher, sondern bestand der gesamte Ältestenrat aus vollzeitigen Hirten und Lehrern. Wenn die Versammlung nicht einfach zu klein war, um für ihren Unterhalt aufzukommen, wurde von den Ältesten erwartet, dass sie sich aus jeglicher weltlicher Erwerbstätigkeit zurückzogen. Dadurch konnten sie ihre ganze Aufmerksamkeit ihrer Herde widmen.

---

[58] Laktanz, Institutes, Buch 4, Kp 23 (übersetzt aus dem Englischen)

[59] Cyprian, Brief Nr 67, Kp 4+5 (Text nach BKV)

Es existieren Kopien einer Anzahl von Briefen, die zwischen zwei frühchristlichen Gemeinschaften ausgetauscht wurden. Sie betreffen die Tatsache, dass ein Ältester im Testament eines verstorbenen Christen zum Testamentsvollstrecker ernannt worden war. Nach römischem Gesetz musste eine Person, die in einem Testament zum Vollstrecker ernannt wurde, dienen, ob sie wollte oder nicht. Die Aufgabe konnte extrem zeitaufwändig sein. Der Älteste war ziemlich schockiert, dass irgendein Christ ihn zum Vollstrecker ernennen würde, denn diese Pflicht würde ihn von seiner Verantwortung als Hirte abhalten. Tatsächlich war der gesamte Ältestenrat entsetzt.[60]

Stellen Sie sich den Nutzen für die frühen Christen vor, von einem Ältestenrat gehütet zu werden, dessen einziges Aufgabengebiet das geistliche Wohlergehen ihrer Gemeinschaft war. Bei so vielen vollzeitigen Pastoren erhielt zweifelsohne jedes Mitglied der Gemeinde nahe, individuelle Aufmerksamkeit.

Um als Ältester oder Aufseher in der frühen Kirche zu dienen, musste ein Mann bereit sein, alles für Christus hinzulegen. Dies fing beim materiellen Besitz an. Ein Ältester verließ nicht seine weltliche Beschäftigung, um etwa stattdessen ein mittelständisches Gehalt von der Gemeinde zu erhalten. Es wurde als häretisch für eine Gemeinschaft angesehen, *irgendein* Gehalt an Aufseher oder Älteste zu zahlen. Stattdessen unterstützte die Gemeinde ihre Leiter finanziell auf derselben Grundlage, wie sie die Witwen und

---

[60] vgl. Cyprian, Brief Nr 65

Waisen unterstützte. Im Allgemeinen bedeutete dies, dass die Leiter alle Lebensnotwendigkeiten besaßen und sonst fast nichts.[61]

Die materiellen Dinge der Welt zurückzulassen war jedoch nicht ihr einziges Opfer. Älteste mussten bereit sein, allen voran Gefängnis, Folter und Tod zu erleiden. Die meisten der Autoren, die in diesem Buch genannt werden, waren Aufseher oder Älteste, und mehr als die Hälfte von ihnen – Ignatius, Polykarp, Justinus der Märtyrer, Hippolytus, Cyprian, Methodius und Origenes – opferten schlussendlich ihr Leben für Christus.

Bei solch außergewöhnlicher Hingabe ihrer Leiterschaft ist es nicht schwer zu erkennen, warum die gewöhnlichen Christen jener Zeit inspiriert waren, nahe mit Gott zu wandeln und das Vorbild der Welt abzulehnen.

Menschen des Kreuzes

Niemand leidet gern. Kürzlich las ich von einer Befragung amerikanischer Bürger zu ihren Ansichten bezüglich der Staatsverschuldung. Praktisch alle Befragten stimmten zu, dass das Defizit verringert werden müsse. Aber gleichzeitig waren etwa drei Viertel von ihnen dagegen, entweder die Steuern zu erhöhen oder die Staatsausgaben zu kürzen. Anders ausgedrückt wollten sie, dass das Defizit schmerzfrei verschwände. Schmerzfrei! Genauso wollen wir auch das Christentum haben. Jesus sagte zu

---

[61] vgl. Hirt des Hermas, 2. Buch, Kp 11; Clemens von Alexandria, Stromata, 1. Buch, Kp 1; Appolonius, Contra Montanus; Tertullian, Prozesseinreden gegen die Häretiker, Kp 41

seinen Jüngern: „Wer nicht sein Kreuz aufnimmt und mir nachfolgt, ist meiner nicht würdig. Wer sein Leben findet, wird es verlieren, und wer sein Leben verliert um meinetwillen, wird es finden" (Matthäus 10,38-39). Trotz dem, was uns unser Herr gesagt hat, ist die Botschaft vom Kreuz heutzutage nicht sehr beliebt. Wenn wir das Evangelium Nichtgläubigen erklären, erwähnen wir selten Jesu Worte darüber, dass wir unser Kreuz tragen müssen. Tatsächlich erwecken wir oft den Anschein, dass ein Mensch, der einmal Christus angenommen hat, für immer ein Leben in strahlender Freude haben wird.

In der frühen Kirche hörten Neubekehrte eine ganz andere Botschaft: Christsein würde Leiden mit sich bringen. Diese Worte von Laktanz waren typisch: „Wer sich entscheidet, für die Ewigkeit gut zu leben, wird in diesem Leben Unannehmlichkeiten haben. Er wird allerlei Probleme und Lasten ertragen müssen, solange er auf dieser Erde ist, damit er am Ende göttlichen und himmlischen Trost empfange. Auf der anderen Seite wird es dem, der es in diesem Leben gut haben will, in der Ewigkeit schlimm ergehen."[62] Jesus hatte in ähnlicher Weise den schmalen, engen Weg, der zum Leben führt, der breiten und geräumigen Straße gegenüber gestellt, die ins Verderben führt (Matthäus 7,13-14).

Ignatius, Bischof von Antiochien und ein Begleiter des Apostels Johannes, wurde für sein christliches Zeugnis eingesperrt. Während er auf dem Weg nach Rom zur Verurteilung und Hinrichtung war, schrieb er Briefe voller Mahnungen und Ermutigungen an mehrere christliche Gemeinden. Einer Gemeinde schrieb er: „So ziemt es sich denn also, nicht bloß Christ zu

---

[62] Laktanz, Institutes, 7. Buch, Kp 5 (übersetzt aus dem Englischen)

heißen, sondern auch zu sein; … [Christus], dessen Leben nicht in uns ist, wenn wir nicht selbst durch ihn bereit sind, auf sein Leiden hin zu sterben"[63] (Johannes 12,25). Einer anderen schrieb er: „Feuer, Kreuz, Kämpfe mit wilden Tieren, Zerschneidungen, Zerteilungen, Zerschlagen der Gebeine, Verzerrung der Glieder, Zermalmung des ganzen Körpers, des Teufels böse Plagen sollen über mich kommen, nur damit ich zu Jesus Christus gelange."[64] Kurz nachdem er diese Worte niedergeschrieben hatte, wurde Ignatius vor eine schreiende Menge in das Kolosseum von Rom gebracht, wo er von wilden Tieren in Stücke gerissen wurde.

Tertullian ermutigte eine Gruppe örtlicher Christen, die in einen römischen Kerker gesperrt waren, mit den Worten: „Gesegnete, … was daran nun auch Hartes ist, das haltet, hochgepriesene Märtyrer, für eine Übung in den Tugenden des Geistes und Körpers. Ihr seid im Begriff, Euch einem herrlichen Wettkampf zu unterziehen, wobei Preisrichter der lebendige Gott ist, Kampfherold der Heilige Geist, Siegeskranz die Belohnung mit der engelhaften Substanz der Ewigkeit, das Bürgerrecht die himmlische Herrlichkeit von Ewigkeit zu Ewigkeit." Er sagte ihnen auch: „Der Kerker gewährt dem Christen dieselben Vorteile wie die Wüste den Propheten. Der Herr selber hielt sich mehrfach in der Zurückgezogenheit auf, um freier zu beten und der Erde zu entgehen … Das Bein spürt die Ketten nicht, wenn die Gedanken im Himmel sind."[65]

---

[63] Ignatius von Antiochien, Brief an die Magnesier, Kp 4+5 (Text nach BKV)

[64] Ignatius von Antiochien, Brief an die Römer, Kp 5 (Text nach BKV)

[65] Tertullian, An die Märtyrer, Kp 2+3 (Text nach BKV, leicht angepasst)

Aber die meisten Neubekehrten mussten gar nicht vor den kommenden Leiden gewarnt werden. Sie hatten sie selbst gesehen. Tatsächlich war in der frühen Kirche eines der mächtigsten evangelistischen Mittel das Beispiel der Tausenden von Christen, die Leiden und Tod ertrugen, weil sie sich weigerten, Christus zu verleugnen.

In seiner ersten Verteidigungsrede erinnerte Tertullian die Römer daran, dass ihre Verfolgung die Christen nur stärkte: „Wir werden jedesmal zahlreicher, so oft wir von euch niedergemäht werden; ein Same ist das Blut der Christen. ... Denn welcher Mensch fühlt sich nicht, wenn er ihn betrachtet, mit Gewalt angetrieben, zu untersuchen, was innerlich der Sache zugrunde liegt? Wer tritt, wenn er untersucht hat, uns nicht bei? Wer wünscht nicht, wenn er beigetreten ist, zu leiden, um sich die Fülle der Gnade Gottes zu erwerben?"[66]

„Das volle Evangelium." Im 20. Jahrhundert hat dieser vertraute Ausdruck die Bedeutung „pfingstlerisch" oder „charismatisch" erhalten. Dennoch ist es ein Problem in unseren heutigen Gemeinden, dass wir selten das *volle Evangelium* gepredigt bekommen – ganz gleich ob wir charismatisch sind oder nicht. Normalerweise hören wir nur den Teil der Botschaft über die Segnungen; wir hören selten die Botschaft vom Leiden für Christus.

Wir sind so weit entfernt von der Botschaft der frühen Kirche, dass die meisten von uns praktisch keine Ahnung davon haben, was es bedeutet, *für Christus* zu leiden. Vor einigen Jahren hörte

---

[66] Tertullian, Apologetikum, Kp 50 (Text nach BKV)

ich einen Pastor eine Predigt über folgenden Vers halten: „Wenn er aber als Christ leidet, schäme er sich nicht, sondern verherrliche Gott in diesem Namen" (1 Petrus 4,16). Der Pastor merkte an, dass die meisten Christen der Vereinigten Staaten keine Ahnung davon haben, was es bedeutet, *als Christ* zu leiden.

Nach dem Gottesdienst sprach ich gerade mit dem Pastor, als ein Diakon zu ihm trat und ihm für die Botschaft dankte. Der Diakon stimmte zu, dass die meisten Christen in diesem Land nicht verstehen, was es bedeutet, dafür zu leiden, dass man Christ ist. Aber er selber, sagte der Diakon, wisse genau, was es heißt. Daraufhin beschrieb er das Leid und die Schmerzen, die er vor einigen Jahren erlitten hatte, als er sich einer Operation unterzogen hatte. Während ich vom Gottesdienst heimfuhr, staunte ich darüber, wie gut der Diakon den zentralen Punkt illustriert hatte, den der Pastor hatte machen wollen – wir amerikanischen Christen wissen nicht, was es bedeutet, für unser Christsein zu leiden. Wir denken, wenn wir dieselben Härten des Lebens durchstehen, wie sie jedem begegnen, dass wir dann für Christus leiden würden.

Natürlich gibt es andere Formen, sein Kreuz zu tragen, als Verfolgung zu erleiden. Clemens merkte an, dass das Kreuz für einen gewöhnlichen Christen bedeuten könnte, die Ehe mit einem ungläubigen Partner zu ertragen, ungläubigen Eltern gehorsam zu sein oder als Sklave unter einem heidnischen Herrn zu leiden. Obwohl all diese Situationen viel emotionales und physisches Leid mit sich bringen, waren sie eher eine milde Form des Kreuzes für jemanden, der sich Christus schon soweit verpflichtet hatte, dass er auch Folter und Tod für ihn erleiden würde (Römer 8,17; Offenbarung 12,11).

Obwohl damalige Christen ihre schmerzlichen Ehen mit *Ungläubigen* aushielten, lassen sich heutzutage tausende Christen ohne Zögern von ihren *gläubigen* Partnern scheiden, einfach nur, weil ihre Ehen nicht ganz perfekt sind. Solche Menschen würden lieber Christus ungehorsam sein, als auch nur ein wenig zu leiden. Ich habe Christen getroffen, die mir erzählten, dass sie es einfach *nicht mehr länger aushielten*, mit ihrem Partner in einer Ehe zu leben, die von andauerndem Streit geprägt war. Ich frage mich, was solche Menschen beim Jüngsten Gericht den christlichen Männern und Frauen der ersten Jahrhunderte sagen werden, denen ein glühendheißer Schürhaken in die Augen gestoßen oder die Arme ausgerissen wurden, oder die bei lebendigem Leibe gehäutet wurden, und die dies alles aushielten. Woher nahmen diese Christen die Kraft, solche mörderischen Qualen zu erleiden, während wir oft nicht einmal die Kraft haben, auch nur eine unbequeme Ehe auszuhalten? Vielleicht deswegen, weil wir nie die Verantwortung übernehmen wollten, unser Kreuz zu tragen.

Vor einigen Jahren sagte mir unter Tränen eine Christin, die eine Trennung von ihrem Mann überlegte, weil sie nicht miteinander auskamen: „Ich möchte nicht *den Rest meines Lebens* so weiter leben." Später sann ich über den Ausdruck nach, den sie gebraucht hatte – „*den Rest meines Lebens*". Ich dachte an die Zeiten, in denen ich ebenfalls diese Worte benutzt hatte. Meine Verwendung dieses Ausdrucks offenbarte, dass der Himmel für mich nicht real war, zumindest nicht in dem Sinne, wie mein Leben auf der Erde real ist. Die frühen Christen akzeptierten bereitwillig die Botschaft vom Leiden, weil sie ihren Blick auf die Ewigkeit gerichtet hielten. Für sie gab es kein Leiden für „*den Rest ihres Lebens*", sondern Leiden für höchstens fünfzig oder sechzig Jahre.

Den *Rest ihres Lebens* würden sie in der Ewigkeit mit Jesus verbringen. Im Vergleich dazu waren die gegenwärtigen Prüfungen nicht der Rede wert. Ebenso wie Tertullian erkannten sie, dass „das Bein die Ketten nicht spürt, wenn die Gedanken im Himmel sind".

Sind Menschen fähig, Gott zu gehorchen?

Die frühen Christen versuchten gar nicht, aus eigener Kraft auf solch kompromisslose Weise zu leben. Sie erkannten, dass sie göttliche Kraft brauchten. Natürlich ist das nichts Neues. Über die Jahrhunderte haben Christen aller Konfessionen festgestellt, dass wir Gottes Hilfe brauchen, um in seinen Geboten zu wandeln.

Und ich glaube nicht, dass irgendjemand von uns sich jemals ernsthaft bemüht hat, Gott zu dienen ohne seine Hilfe. Oft aber passiert so etwas: Zuerst wandeln wir nahe bei Gott und verlassen uns auf seine Kraft. Aber später rutschen wir geistlich zurück und driften langsam von Gott fort. Normalerweise beginnt dieser Prozess im Inneren; äußerlich handeln wir noch genauso wie vorher. Obwohl wir noch so tun, als ob wir uns auf Gott verlassen, beginnen unsere Gebete kalt und formell zu werden. Wir lesen vielleicht noch in der Schrift, aber unsere Gedanken und unsere Herzen sind ganz woanders. Schließlich stellen wir fest, dass wir uns nur noch auf unsere eigene Kraft verlassen.

Das Problem ist nicht, dass die Kirche etwa nicht über die Notwendigkeit predigen würde, sich auf Gott zu verlassen. Tatsächlich lehren evangelikale Christen generell, dass wir nicht fähig sind, irgendetwas Gutes aus eigener Kraft zu tun. Aber wenn wir Menschen nicht in der Lage sind, Gott zu gehorchen, dann können wir nichts gegen unseren Ungehorsam tun – außer zu beten, dass Gott uns in gehorsame Menschen verwandelt. Aber funktioniert das wirklich?

Ich erinnere mich an meine Begeisterung, als ich zum ersten Mal jemanden predigen hörte, dass wir aus eigener Kraft überhaupt nichts Gutes tun könnten – allein Gott könne Gutes durch uns tun. Wir müssten nur Gott bitten, unsere Mängel zu beseitigen und unsere Sünden für uns zu überwinden. „Das ist also das Geheimnis", dachte ich mir. Ich konnte es kaum erwarten, die Idee in die Tat umzusetzen und einfach Gott meine Mängel beheben und meine Sünden auslöschen zu lassen. Ich betete eifrig zu Gott um genau das. Dann wartete ich – aber nichts passierte. Also betete ich mehr. Es passierte immer noch nichts.

Zuerst dachte ich, dass das Problem bei mir läge. Waren meine Gebete nicht aufrichtig? Schließlich sprach ich mit einigen Christen im Vertrauen über die Angelegenheit und kam darauf, dass ich nicht der einzige mit diesem Problem war. Andere hatten auch keine besseren Ergebnisse erreicht als ich. „Warum lauft ihr dann herum und erzählt, dass Gott auf geheimnisvolle Weise alle unsere Mängel wegnimmt und gehorsame Menschen aus uns macht?", fragte ich sie. „Weil es eigentlich so funktionieren sollte", war die Antwort. Ich erkannte, dass die meisten Christen Angst haben, aufrichtig über dieses Thema zu sprechen – weil sie fürchten, sie seien die einzigen, bei denen es nicht geklappt hat. So spielen wir alle die Geschichte von des Kaisers neuen Kleidern nach, weil wir Angst haben, andere würden uns für ungeistlich halten.

Ich möchte hiermit nicht sagen, dass der Sich-zurücklehnen-und-beten-Ansatz niemals und für niemanden funktioniert hat. Ich sage nur, dass er bei mir nicht funktioniert hat, und in der Geschichte hat er auch nicht für die Kirche funktioniert. Unsere evangelikale Lehre zu diesem Thema kommt von Martin Luther, der lehrte, dass wir in uns selber gänzlich unfähig sind, Gutes zu tun, und dass sowohl der Wunsch als auch die Kraft, Gott zu gehorchen, von ihm allein kommen. Obwohl dies Eckpfeiler der deutschen Reformationslehre waren, brachten sie keinen deutschen Staat voller gehorsamer, frommer Christen hervor. Eher genau das Gegenteil. Das lutherische Deutschland war eine Brutstätte von Sauferei, Unsittlichkeit und Gewalt. Dass man sich zurücklehnte und Gott *alle* Arbeit machen ließ, führte weder zu einer frommen Kirche noch zu einem frommen Volk.[67]

Im Gegensatz dazu lehrten die frühen Christen niemals, dass Menschen nicht in der Lage wären, Gutes zu tun oder Sünde in ihrem Leben zu überwinden. Sie glaubten, dass wir auf jeden Fall

---

[67] Menno Simons, ein Zeitgenosse Martin Luthers, gab diese kurze Beschreibung des lutherischen Deutschlands am Höhepunkt der Reformation: „Ein jeder sehe wohl zu, wie und was er (Luther) lehret; denn grade mit dieser Lehre haben sie das unbedachte, dumme Volk groß und klein, Bürger und gemeinen Mann, in ein solches fruchtloses, wildes Leben geführt und so weit den Zaum gelassen, dass man unter den Türken und Tartaren (vermute ich) kaum ein so gottloses, gräuliches Leben, wie das ihre ist, finden könnte. Die offenbare That gibt Zeugnis; denn das überflüssige Essen und Trinken, die übermäßige Pracht und Hoffart, das Huren, Lügen, Betrügen, Fluchen, Schwören bei des Herrn Wunden, Sacramenten und Leiden, das Blutvergießen und Fechten etc., ..." (Menno Simons, Vollständige Werke, „Von dem rechten christlichen Glauben", Pfad-Weg Ausgabe, Pathway Publishers Aylmer Ontario 1971, S 158) Lutherische Pastoren und weltliche Historiker haben ein ähnliches Bild gezeichnet, wie zum Beispiel in Philipp Jacob Speners „Pia Desideria" (Anm.: diese Schrift begründete den Pietismus).

die Fähigkeit *haben*, Gott zu gehorchen. Dennoch müssen wir zuallererst eine tiefe Liebe zu Gott und einen tiefen Respekt vor seinen Geboten haben. Wie Hermas es beschrieb: „Für diejenigen aber, die den Herrn nur auf den Lippen haben, deren Herz aber verstockt und vom Herrn weit entfernt ist, für solche sind diese Gebote schwer und nur mit Mühe zu erfüllen."[68] Zugleich glaubten die frühen Christen aber nicht, dass sie allein aus ihrer eigenen Kraft alle ihre Schwächen überwinden und Tag für Tag Gott gehorsam bleiben könnten. Sie brauchten Kraft von Gott. Aber es ging nicht darum, sich zurückzulehnen und Gott zu bitten, die ganze Arbeit zu tun.

Sie glaubten, dass unser Wandel mit Gott ein Gemeinschaftsprojekt ist. Der Christ selbst muss bereit sein, Opfer zu bringen und seine Energie und ganze Seele in dieses Projekt zu investieren. Aber er muss auch seine Abhängigkeit von Gottes Hilfe anerkennen. Wie Origenes erklärte: „[Gott] lässt sich aber von denjenigen finden, die *alles tun, was in ihren Kräften steht*, und dann bekennen, dass sie seiner bedürfen."[69]

Die frühe Kirche glaubte, dass ein Christ aufrichtig nach Gottes Hilfe verlangen und sie suchen müsse. Es ging nicht um eine einmalige Bitte im Gebet, sondern um einen kontinuierlichen Prozess. Clemens lehrte seine Schüler: „Weil der Mensch, der sich für sich bemüht und die Freiheit von Begierden zu erlangen strebt, nichts ausrichtet; wenn er aber offenbar ganz sehr darnach strebt und sich alle Mühe gibt, so erringt er den Sieg dadurch, dass ihm Gottes Kraft zu Hilfe kommt. Denn wenn die Seelen

---

[68] Hirt des Hermas, 2. Buch, 12. Gebot, Kp 4 (Text nach BKV)
[69] Origenes, Gegen Celsus, 7. Buch, Kp 42 (Text nach BKV)

ihren Willen zeigen, dann steht ihnen Gott mit seinem Geist bei; wenn sie aber in ihrem Eifer nachlassen, dann wird ihnen auch der von Gott gegebene Geist entzogen; denn jemand wider seinen Willen zu retten, ist Gewalt, jemand, der es sich wünscht, ist Gnade."[70]

Folglich sahen sie persönliche Gerechtigkeit als ein Gemeinschaftsprojekt zwischen Gott und den Menschen. Es gab einen unendlichen Vorrat an Kraft von Gott; der Schlüssel war es, diese Kraft anzapfen zu können. Das aufrichtige Verlangen musste von dem Christen selbst kommen. Wie Origenes bemerkte, sind wir nicht einfach Holzklötze, die Gott nach seinem Belieben manipuliert.[71] Wir sind menschliche Wesen, die fähig sind, nach Gott zu verlangen und auf ihn zu reagieren. Wenn er sich auf den notwendigen Eifer unsererseits bezieht, meint Clemens nicht einfach ein Verlangen als solches. Vielmehr sagte er, wir hätten willens zu sein, „innerliche Verfolgung" zu erleiden. Unsere fleischlichen Wandlungen zu Tode zu bringen, tut weh, und wenn wir nicht bereit sind, innerlich zu leiden und mit unseren Sünden zu ringen, dann wird uns Gott nicht die Kraft zur Verfügung stellen (Römer 8,13; 1 Korinther 9,27).[72]

Manche Menschen mag diese frühchristliche Lehre stören. Aber wie Jesus sagte: „So glaubt den Werken, wenn ihr auch mir nicht glaubt" (Johannes 10,38). Bevor wir die Theologie der frühen Christen schlecht machen, müssten wir eine gute Erklärung für

---

[70] Clemens von Alexandria, Welcher Reiche wird gerettet werden, Kp 21 (Text nach BKV)

[71] vgl. Origenes, Von den ersten Dingen, 3.Buch, Kp 1,5

[72] vgl. Clemens von Alexandria, Welcher Reiche wird gerettet werden, Kp 25

ihre Kraft haben. Wir können die Tatsache nicht verleugnen, dass sie unglaubliche Kraft hatten. Sogar die heidnischen Römer stellten dies nicht in Frage. Wie Laktanz erklärte: „Wenn Menschen sehen, wie Männer durch verschiedenartige Foltern zerfleischt und doch nicht unterworfen werden, auch wenn ihre Peiniger schon erschöpft sind, kommen sie zu der Überzeugung, dass die Übereinstimmung so vieler und der unbeugsame Glaube der Sterbenden nicht sinnlos ist. [Sie erkennen,] dass menschliche Ausdauer alleine solche Foltern nicht ohne die Hilfe Gottes ertragen könnte. Sogar Räuber und Männer robusterer Natur sind unfähig, Foltern dieser Art zu ertragen. ... Aber unter uns überwinden Jungen und zarte Frauen – ganz zu schweigen von Männern – still ihre Peiniger. Auch das Feuer ist nicht stark genug, um ihnen auch nur ein Stöhnen zu entlocken. ... Diese Menschen – die jungen und das schwächere Geschlecht – ertragen die Verstümmelung und die Verbrennung ihrer Körper nicht etwa, weil sie keine andere Wahl hätten. Sie könnten diese Bestrafungen ganz einfach vermeiden, wenn sie wollten [indem sie Christus verleugneten]. Aber sie ertragen es willig, weil sie ihr Vertrauen auf Gott setzen."[73]

Die Geschichte geht weiter

Die heutige Kirche könnte also einige wertvolle Lektionen von den frühen Christen lernen. Drei Faktoren befähigten sie, als Bürger eines anderen Reiches und als Menschen einer anderen

---

[73] Laktanz, Institutes, 5. Buch, Kp 13 (aus dem Englischen übersetzt)

Kultur zu leben: (1) die unterstützende Rolle der Gemeinde, (2) die Botschaft vom Kreuz und (3) der Glaube, dass Mensch und Gott an der Heiligung des Menschen zusammen arbeiten müssen.

Ich hätte dieses Buch hier beenden und es einfach als einen inspirierenden historischen Abriss belassen können. Aber dann hätte ich Ihnen nur die halbe Geschichte erzählt, wo doch die ganze Geschichte erzählt werden muss. Dennoch werde ich Sie vorwarnen, dass der Rest der Geschichte wahrscheinlich unbequem für Sie sein wird. Für mich war es jedenfalls so.

6. Was sie über Errettung glaubten

Als ich mich zum ersten Mal mit den Schriften der frühen Christen beschäftigte, überraschte mich deren Inhalt sehr. So sehr sogar, dass ich nach wenigen Tagen die Schriften wieder ins Bücherregal stellte und mich entschloss, meine Nachforschungen einzustellen. Als ich aber über die Situation nachdachte, wurde mir das eigentliche Problem klar: Vieles in diesen Schriften widersprach meinen eigenen theologischen Ansichten.

Es war nicht etwa so, dass ich mich in keiner meiner Ansichten von den Schreibern bestätigt sah. Ihre Auffassungen bestärkten viele meiner Überzeugungen. Auf der anderen Seite lehrten sie aber oft genau das Gegenteil von dem, was ich glaubte, und bezeichneten manche meiner Überzeugungen als Irrlehren. Es würde Ihnen mit Ihren Überzeugungen wohl ähnlich gehen.

Als Beispiele werden in den nächsten Kapiteln fünf Glaubensgrundsätze behandelt, die von der gesamten frühen Kirche anerkannt wurden. Diese fünf Beispiele sind nicht die Schwierigsten zum Schlucken, aber auch nicht die Einfachsten. Sie werden vielleicht manche Ansichten mit den frühen Christen teilen, aber es ist unwahrscheinlich, dass Sie mit allem übereinstimmen. Verstehen Sie mich bitte richtig: Ich verlange nicht, dass Sie alle ihre Lehren gleich übernehmen. Ich bitte Sie vorerst einmal einfach zu hören, was sie sagen.

Werden wir allein durch Glauben errettet?

Die eine große Lehre, die wir am ehesten von den Schülern der Apostel ganz sicher erwarten würden, wäre die Lehre der Errettung durch Glauben allein. Schließlich ist das *der* Eckpfeiler der reformatorischen Lehre. Wir sagen sogar oft von Menschen, die diese Lehre nicht vertreten, dass sie keine echten Christen sind.

Normalerweise hören wir die Kirchengeschichte so dargestellt, dass die frühen Christen unsere Lehre der Errettung allein durch den Glauben vertraten. Nachdem Konstantin die Kirche korrumpiert hatte, hätten sie nach und nach angefangen zu lehren, Werke würden auch eine Rolle bei der Errettung spielen. Typisch für diese Darstellung der Ereignisse ist der folgende Ausschnitt von Francis A. Schaeffers „Wie können wir denn leben?". Nach der Beschreibung vom Fall des Römischen Reiches und dem allgemeinen Verfall der Bildung schrieb Schaeffer:

"Dank der Mönche wurde die Bibel erhalten, sowie Teile der klassischen Literatur in Griechisch und Latein ... Trotzdem wurde das ursprüngliche Christentum, wie es im Neuen Testament dargelegt wird, nach und nach entstellt. Ein humanistisches Element wurde hinzugefügt: Die Autorität der Kirche bekam zunehmend eine Vorrangstellung gegenüber der Lehre der Bibel. Und es gab eine wachsende Betonung der Errettung als bedingt durch den menschlichen Verdienst des Verdienstes Christi, statt nur durch Christi Werk."[74]

---

[74] Francis A. Schaeffer, „How Should We Then Live?" (Old Tappan, NJ: Fleming H. Revell Company, 1976), S 31-32 (übersetzt aus dem Englischen)

Wie Schaeffer vermitteln die meisten evangelikalen Schreiber den Eindruck, dass diese Lehre – unsere Bemühungen und Werke beeinflussen unsere Errettung – sich erst nach der Zeit Konstantins und dem Fall Roms in die Kirche eingeschlichen habe. Aber das war nicht der Fall.

Die frühen Christen glaubten universell, dass Werke oder Gehorsam eine wesentliche Rolle in unserer Errettung spielen. Das mag für die meisten evangelikalen Christen eine schockierende Erkenntnis sein, aber es gibt darüber keinen Zweifel. Ich zitiere unten (in ungefähr chronologischer Reihenfolge) frühchristliche Schreiber aus jeder Generation – von der Zeit des Apostels Johannes bis zur Thronbesteigung Konstantins:

Klemens von Rom, ein Gefährte des Apostel Paulus[75] und Bischof der Gemeinde in Rom, schrieb:

---

[75] „Im zwölften Jahre der Regierung des gleichen Kaisers folgte auf Anenkletus, welcher zwölf Jahre Bischof der römischen Kirche gewesen war, Klemens, den der Apostel in seinem Briefe an die Philipper als seinen Mitarbeiter bezeichnete, da er sagt: *Mit Klemens und meinen übrigen Mitarbeitern, deren Namen im Buche des Lebens stehen* (Phil 4,3). Ein echter, umfangreicher und bedeutsamer Brief des Klemens ist uns überliefert." Eusebius, Kirchengeschichte, Buch 3, Kp 15+16 (Text nach BKV)

Irenäus schrieb über Klemens: „... der die Apostel noch sah und mit ihnen verkehrte. Er vernahm also noch mit eignen Ohren ihre Predigt und Lehre, wie überhaupt damals noch viele lebten, die von den Aposteln unterrichtet waren." Gegen die Häresien, Buch 3, Kp 3,3

Clemens von Alexandria betrachtete den *Brief an die Korinther* von Klemens aus Rom als Heilige Schrift und nennt den Autor „Apostel Klemens". Stromateis, Buch 4, Kp 17

Origenes beschreibt Klemens als einen „Apostelschüler". Über die Grundlehren der Glaubenswissenschaft (De principiis), Buch 2, Kp 3,6

„(30-100 n.Chr.) Klemens war wahrscheinlich ein Heide und ein Römer. Er scheint mit Paulus in Philippi gewesen zu sein (57 n.Chr.) als diese Erstgeborene der westlichen Kirchen durch große Glaubensprüfungen ging." A. Cleveland Cox, The Ante Nicene Fathers, vol 1, Introductory Note to the First Epistle of Clement to the Corinthians (Grand Rapids: Wm. B. Eerdmans Publishing Company, 1985), S 1

„Daher ist es nötig, dass wir bereit sind zu guten Werken; von ihm kommt ja alles. Er sagt nämlich zu uns: „Siehe, hier ist der Herr und sein Lohn ist vor ihm, damit er jedem gebe nach seinem Werke" ... Wir nun wollen kämpfen, damit wir erfunden werden in der Zahl derer, die ausharren, auf dass wir teilhaben an den versprochenen Gütern. Wie aber wird das geschehen, Geliebte? Wenn unsere Gesinnung in Treue gefestigt ist gegen Gott, wenn wir nachstreben dem, was ihm angenehm und wohlgefällig ist, wenn wir tun, was seinem heiligen Willen entspricht, wenn wir gehen auf dem Wege der Wahrheit, wenn wir wegwerfen von uns alles Unrecht und alle Schlechtigkeit."[76]

Polykarp, ein persönlicher Begleiter des Apostels Johannes, lehrte: „Der aber ihn von den Toten erweckt hat, wird auch uns auferwecken, *wenn wir seinen Willen tun und in seinen Geboten wandeln* und lieben, was er geliebt hat, und uns frei halten von jeder Ungerechtigkeit."[77]

Der Brief des Barnabas hielt fest: „Denn wer (die Gebote) tut, wird im Reiche Gottes verherrlicht werden; wer dagegen jenes andere (den Weg der Finsternis) sich auswählet, wird zugleich mit seinen Werken verloren gehen."[78]

Hermas, der zwischen 100 und 140 schrieb, erklärte: „Wer aber ihn fürchtet *und seine Gebote hält,* der wird das Leben haben bei

---

"Klemens, ein hochberühmter Name in der Antike, war ein Schüler des Paulus und Petrus, die dieser als beste Vorbilder zur Nachahmung empfiehlt." Philipp Schaff, History of the Christian Church, vol 2 (Grand Rapids: Wm. B. Eerdmans Publishing Company, 1910), S 637

[76] Klemens von Rom, Erster Brief an die Korinther, Kp 34+35 (Text nach BKV)

[77] Polykarp, Brief an die Philipper, Kp 2 (Text nach BKV)

[78] Brief des Barnbas, Kap 21 (Text nach BKV)

Gott; wer aber seine Gebote nicht hält, der wird auch das Leben nicht haben. ... Wer aber seine Gebote nicht hält, der flieht sein Leben und weist diesen zurück; und seinen Geboten nicht folgt, der überliefert sich selbst dem Tode, und ein jeder von ihnen ist an seinem eigenen Blute schuldig. Dir aber sage ich: *Halte diese Gebote, und du hast ein Heilmittel für die Sünden!*"[79]

In seiner ersten Apologie, die vor 150 geschrieben wurde, sagte Justinus der Märtyrer gegenüber den Römern: „Wir haben aber auch die Lehre empfangen, dass Gott ... nur jene in Gnaden annimmt, die das ihm innewohnende Gute nachahmen: Enthaltsamkeit, Gerechtigkeit, Nächstenliebe ... Wir haben die Überlieferung, dass diese, *wenn sie sich nach seinem Ratschlusse in Werken dessen wert erweisen,* des Umganges mit ihm gewürdigt werden und mit ihm gemeinsam herrschen, nachdem sie unvergänglich und leidenlos geworden sind."[80]

Clemens von Alexandria, der um 190 schrieb, sagte: „Indem aber der Logos die Wahrheit enthüllte, zeigte er den Menschen die Größe des Heiles, damit sie entweder, wenn sie Buße tun, gerettet oder, *wenn sie nicht gehorchen,* gerichtet würden."[81] Und nochmals anderswo: „Wer diese [die Wahrheit] erlangt und *sein Licht durch gute Werke leuchten lässt,* wird den Siegespreis des ewigen Lebens davontragen ... Andere aber verstehen zwar das Herrenwort [darüber, wie Gott es ermöglicht] richtig und sinngemäß, unterlassen aber die Werke, die zum Heile führen, und versäumen so

---

[79] Der Hirte des Hermas Buch 2, 7. Gebot und Buch 3, 10.Gleichnis, Kp 2 (Text nach BKV)

[80] Justinus, der Märtyrer, Erste Apologie, Kp 10 (Text nach BKV)

[81] Clemens von Alexandria, Mahnrede an die Heiden, Kp 11 (116,1) (Text nach BKV)

die notwendige Vorbedingung für das Erreichen des erhofften Ziels."82

Origenes, der Anfang des dritten Jahrhunderts lebte, schrieb: „die Seele ... [wird] belohnt werden; und zwar soll sie ewiges Leben und Seligkeit erlangen, *wenn ihre Handlungen dieses gestatten:* oder dem ewigen Feuer und den Strafen anheim fallen, wenn ihrer Sünden Schuld sie dazu verdammt."83

Hippolytus, ein Aufseher der Gemeinde und Zeitgenosse des Origenes, schrieb: „Die Heiden bereiten sich im Glauben an Christus *durch gute Werke* aus das ewige Leben vor."84 Und ein weiteres Mal: „[Jesus] wird, wenn Er das gerechte Gericht Seines Vaters über alle ausführt, jedem das geben, was gerecht ist *entsprechend seiner Werke* ... Die Rechtfertigung wird daran erkannt, dass jeder seinen gerechten Lohn empfängt; die es gut gemacht haben, werden gerechterweise zu ewiger Freude bestimmt. Die Liebhaber der Gottlosigkeit werden zur ewigen Strafe bestimmt ... Doch die Gerechten werden nur mehr ihrer gerechten Taten gedenken, durch die sie das Reich der Himmel erlangten."85

Cyprian schrieb: „Denn auch die Gabe, zu weissagen und böse Geister auszutreiben und große Wunder auf Erden zu verrichten, ist gewiss etwas Erhabenes und Bewunderungswürdiges: und doch gewinnt einer, bei dem auch all diese Fähigkeiten sich

---

[82] Clemens von Alexandria, Welcher Reiche wird gerettet werden?, Kp 1+2 (Text nach BKV)

[83] Origenes, Über die Grundlehren der Glaubenswissenschaft (De principiis), Vorrede Kp 5 (Text nach BKV)

[84] Hippolytus, Fragmente aus dem Kommentar zu den Sprüchen (aus dem Englischen übersetzt)

[85] Hippolytus, Gegen Plato, Abschnitt 3 (aus dem Englischen übersetzt)

finden, deswegen das Himmelreich noch nicht, *wenn er sich auf seinem Wege nicht an die gerade und rechte Straße hält.* Das kündigt der Herr an und sagt: „Viele werden zu mir an jenem Tage sagen: Herr, Herr, haben wir nicht in Deinem Namen geweissagt und in Deinem Namen böse Geister ausgetrieben und in Deinem Namen große Wunder getan? Und dann werde ich zu ihnen sagen: Ich habe euch nie gekannt; weichet zurück von mir, die ihr Unrecht übt!" (Matthäus 7,22-23) Gerechtigkeit ist nötig, um an Gott einen gnädigen Richter zu finden. *Seinen Geboten und Mahnungen gilt es zu gehorchen, damit unsere Verdienste ihren Lohn erhalten.*"[86]

Schließlich erklärte auch Laktanz, der im frühen 4. Jahrhundert schrieb, den Römern: "Warum denn schuf Er [den Menschen] schwach und sterblich? ... [Damit] Er dem Menschen Tugend vorsetze, das ist Ausharren unter Übeln und Arbeiten, *durch das er den Lohn der Unsterblichkeit mag erreichen können.* Denn da der Mensch aus zwei Teilen besteht, Leib und Seele, von denen der eine irdisch, der andere himmlisch ist, sind dem Menschen zwei Leben zugewiesen. Das erste, das dem Leib zugeteilt wird, ist vergänglich. Das andere, das der Seele gehört, ist ewig. Wir empfingen das erste bei unserer Geburt. Wir erreichen das letztere durch Streben, damit die Unsterblichkeit nicht ohne manche Schwierigkeiten verfügbar sein möchte... Aus diesem Grund gab Er uns dieses gegenwärtige Leben, *auf dass wir entweder das wahre und ewige Leben durch unsere Sünden verlieren, oder es durch unsere Tugend gewinnen mögen.*"[87]

---

[86] Cyprian, Über die Einheit der katholischen Kirche, Abschnitt 15 (Text nach BKV)

[87] Laktanz, Institutes, Buch 7, Kp 5 (aus dem Englischen übersetzt)

Tatsächlich teilte *jeder* frühchristliche Schreiber, der das Thema der Errettung behandelte, diese Sichtweise.

Heißt das, Christen *verdienen* ihre Errettung durch Werke?

Nein, die frühen Christen lehrten nicht, dass wir die Errettung durch das Anhäufen von guten Werken verdienen. Sie erkannten und betonten die Tatsache, dass Glaube absolut unverzichtbar für die Errettung ist, und dass ohne Gottes Gnade niemand errettet werden kann. Alle oben zitierten Schreiber betonten diese Tatsache. Hier nur ein paar Beispiele:

Klemens von Rom schrieb: „[Wir] werden nicht durch uns selbst gerechtfertigt noch durch unsere Weisheit oder Einsicht oder Frömmigkeit oder durch die Werke, die wir vollbracht haben in der Heiligkeit des Herzens, sondern durch den Glauben, durch den alle von Anbeginn an der allmächtige Gott gerechtfertigt hat."[88]

Polykarp schrieb: „[In diese Freude wünschen] viele einzugehen ..., weil sie wissen, dass ihr durch die Gnade erlöst seid nicht kraft der Werke vielmehr nach dem Willen Gottes durch Jesus Christus (Epheser 2,8)."[89]

Barnabas schrieb: „Denn dazu hat es der Herr auf sich genommen, hinzugeben sein Fleisch zum Verderben, damit wir durch

---

[88] Klemens von Rom, Erster Brief an die Korinther, Kp 32 (Text nach BKV)

[89] Polykarp, Brief an die Philipper, Kp 1 (Text nach BKV)

die Nachlassung der Sünden geheiligt werden in der Aussprengung seines Blutes."[90]

Justinus der Märtyrer schrieb: „Wenn also unser Christus gelitten hat und gekreuzigt worden ist, so wurde er nicht vom Gesetze verflucht; er einzig und allein wird vielmehr, wie er offenbarte, diejenigen selig machen, welche von dem Glauben an ihn nicht abfallen. … Gleichwie aber das Blut des Pascha jene in Ägypten rettete, ebenso wird auch das Blut Christi diejenigen vom Tode erlösen, welche glauben."[91]

Clemens von Alexandria schrieb: „Denn es ist folgerichtig, dass es nur eine einzige unveränderliche Gabe des Heils von einem einzigen Gott durch einen einzigen Heiland gibt, die „auf mannigfache Weise" nützt."[92] Und weiter: „Abraham aber wurde nicht infolge von Werken gerechtfertigt, sondern auf Grund seines Glaubens (Römer 4,3). Es nützt ihnen also nach dem Ende des Lebens nichts, auch wenn sie jetzt gute Werke tun, wenn sie nicht Glauben haben."[93]

Schließen sich Glaube und Werke gegenseitig aus?

Nun sagen Sie sich vielleicht: „Jetzt bin ich verwirrt. Einerseits sagen sie, dass wir durch unsere Werke errettet werden, und

---

[90] Barnabasbrief, Kp 5 (Text nach BKV)

[91] Justinus, der Märtyrer, Dialog mit dem Juden Trypho, Kp 111 (Text nach BKV)

[92] Clemens von Alexandria, Teppiche (Stromateis) Buch 6, Kp 13 (Text nach BKV)

[93] Clemens von Alexandria, Teppiche (Stromateis) Buch 1, Kp 7 (Text nach BKV)

andererseits sagen sie, dass wir durch Glauben und Gnade errettet werden. Sie scheinen selbst nicht zu wissen, was sie glauben!"

Sie wussten es sehr wohl. Unser Problem ist, dass Augustinus, Luther und andere abendländische Theologen uns überzeugt haben, dass Errettung aus Gnade und Errettung bedingt durch Werke unüberwindbare Gegensätze wären. Sie bedienten sich einer trugschlüssigen Argumentationsweise, die auch als ein „falsches Dilemma" bekannt ist, indem sie behaupteten, dass es nur zwei Möglichkeiten bezüglich Errettung geben kann: Es ist entweder (1) ein Geschenk Gottes oder (2) wird durch unsere Werke verdient.

Die frühen Christen hätten geantwortet, dass ein Geschenk nicht weniger ein Geschenk ist, nur weil es an die Bedingung des Gehorsams geknüpft ist. Nehmen wir einmal an, ein König bittet seinen Sohn, aus dem königlichen Garten einen Korb mit seinen Lieblingsäpfeln zu holen. Nachdem der Sohn dieser Bitte nachgekommen ist, gibt der König seinem Sohn die Hälfte seines Königreichs. Wurde diese große Belohnung nun *geschenkt* oder *verdient?* Die Antwort ist, dass es ein Geschenk war. Der Sohn konnte natürlich nicht durch eine so kleine Aufgabe das halbe Königreich verdienen. Die Tatsache, dass die Übergabe des Geschenks durch den Gehorsam des Sohnes bedingt war, ändert nichts an der Tatsache, dass es ein Geschenk war.

Die frühen Christen glaubten, dass Errettung ein Geschenk von Gott ist, gleichzeitig aber, dass Gott sein Geschenk denjenigen gibt, die er aussucht. *Und er sucht für dieses Geschenk jeden Menschen aus, der ihn liebt und ihm gehorcht.*

Ist deren Auffassung wirklich so befremdend? Ich höre so oft evangelikale Christen sagen, dass Sozialhilfe nur Menschen zukommen sollte, die sie wirklich *verdienen*. Indem sie sagen, dass einige arme Leute es „verdienen", meinen sie damit, dass diese Unterstützung ihnen als Lohn zusteht? Natürlich nicht. Sie sehen diese soziale Unterstützung nach wie vor als Geschenk an. Nur weil jemand selektiv gibt, verwandelt sich das Geschenk nicht deswegen in Lohn.

Ja, aber die Bibel sagt...

Neulich als ich einer Gruppe von Gläubigen das frühchristliche Verständnis der Errettung erklärte, wurde eine der Frauen etwas beunruhigt. Verärgert rief sie aus: „Mir scheint, sie haben ihre Bibeln nicht gelesen!"

Aber die frühen Christen *haben* ihre Bibeln gelesen. In *Die Bibel im Test* weist Josh McDowell darauf hin:

„J. Harold Greenlee sagt, dass die Zitate aus der Bibel in den Werken der frühchristlichen Verfasser so umfassend sind, dass man aus ihnen das N.T. [Neue Testament] so gut wie rekonstruieren könnte, ohne neutestamentliche Manuskripte zu gebrauchen. ... Clemens von Alexandria (150-212 n. Chr.). 2400 seiner Zitate stammen aus dem ganzen Neuen Testament außer drei Büchern. ... Tertullian (160-220 n. Chr.) war ein Ältester der Gemeinde in Karthago. Er gibt über 7000 Zitate aus dem Neuen Testament, davon 3800 aus den Evangelien. ... Geisler und Nix folgern mit Recht: Eine kurze Bestandsaufnahme an diesem

Punkt zeigt, dass es vor der Zeit des Konzils zu Nizäa (325 n. Chr.) an die 32000 Zitate aus dem Neuen Testament gegeben hat."[94]

Werfen Sie den frühen Christen also bitte nicht vor, sie hätten ihre Bibeln nicht gelesen. Diese Christen wussten sehr gut Bescheid, was Paulus über Errettung und Gnade geschrieben hatte. Schließlich hatte Paulus persönlich Männer wie Klemens von Rom unterwiesen. Aber die frühen Christen stellten Paulus' Briefe an die Römer und die Galater keineswegs auf ein Podest, hoch über die Lehren Jesu und die der anderen Apostel. Was Paulus über Gnade schrieb, lasen sie gleichberechtigt neben anderen Schriftstellen wie:

- „Nicht jeder, der zu mir sagt: Herr, Herr! wird in das Reich der Himmel eingehen, sondern wer den Willen meines Vaters tut, der in den Himmeln ist." (Matthäus 7,21)

- „Wer aber ausharrt bis ans Ende, der wird errettet werden." (Matthäus 24,13)

- „Alle, die in den Gräbern sind, (werden) seine Stimme hören und hervorkommen: *die das Gute getan haben*, zur Auferstehung des Lebens, die aber das Böse verübt haben, zur Auferstehung des Gerichts." (Johannes 5,28-29)

---

[94] Josh McDowell, Evidence that Demands a Verdict (San Bernadino, Ca: Here's Life Publishers, Inc. 1972) S 50-52 (aus dem Englischen übersetzt)

- „Siehe, ich komme bald, und mein Lohn mit mir, um einem jeden zu vergelten, *wie sein Werk ist.*" (Offenbarung 22,12)

- „Habe Acht auf dich selbst und auf die Lehre; beharre in diesen Dingen; denn wenn du dies tust, so wirst du sowohl dich selbst erretten als auch die, die dich hören." (1 Timotheus 4,16)

Weitere Stellen, die sie zitierten, sind am Ende des Kapitels aufgeführt.

Das wahre Problem liegt also nicht im *Glauben* an die Schrift, sondern in der *Interpretation* der Schrift. Die Bibel sagt: „Denn aus Gnade seid ihr errettet durch Glauben, und das nicht aus euch, Gottes Gabe ist es; nicht aus Werken, damit niemand sich rühme" (Epheser 2,8-9). Die Bibel sagt jedoch genauso: „Ihr seht also, dass ein Mensch aus Werken gerechtfertigt wird und nicht aus Glauben allein" (Jakobus 2,24). Unsere Lehre über die Errettung akzeptiert die erste Aussage und erklärt die zweite für vollkommen nichtig. Die frühchristliche Lehre über Errettung wird beiden gerecht.

Wie schon vorher einmal erwähnt, glaubten die frühen Christen nicht, dass der Mensch völlig verdorben sei, völlig unfähig, Gutes zu tun. Sie lehrten, dass Menschen fähig sind, Gott zu gehorchen und ihn zu lieben. Aber sie glaubten ebenso, dass ein ganzes Leben im Gehorsam nur durch Gottes Kraft möglich ist. Kurz gesagt: Gehorsam hängt weder völlig vom menschlichen Vermögen ab, noch kommt er allein durch Gottes Kraft. Es ist ein Zusammenspiel von beidem.

Die Errettung sahen sie ähnlich. Die neue Geburt – als geistliche Kinder Gottes und Erben der Verheißung des ewigen Lebens – wird uns allen allein durch Gnade angeboten. Wir müssen nicht zuerst „gut genug" sein. Wir müssen diese neue Geburt keinesfalls verdienen. Genauso wenig müssen wir alle unsere vergangenen Sünden abbüßen. Die Schuld ist völlig abgewaschen durch Gottes Gnade. Wir sind tatsächlich durch Gnade gerettet und nicht durch Werke, wie Paulus es sagte.

Trotzdem spielen wir, wie die Schrift und die frühen Christen bezeugen, ebenso eine Rolle in unserer eigenen Errettung. Zuerst müssen wir *umkehren* und an Jesus Christus als unseren Herrn und Erretter *glauben,* damit wir Gottes Gnade für uns in Anspruch nehmen können. Nachdem wir die neue Geburt empfangen haben, müssen wir Christus auch *gehorchen.* Dieser Gehorsam ist wiederum selbst von Gottes beständiger Gnade und Vergebung abhängig. Unsere Errettung beginnt und endet also mit Gnade, aber dazwischen steht des Menschen treue und gehorsame Antwort darauf. Letztendlich hängt die Errettung von beiden ab, von den Menschen und von Gott. Deshalb kann Jakobus sagen, dass wir durch unsere Werke und nicht allein durch unseren Glauben gerecht werden.

Kann ein erretteter Mensch verloren gehen?

Da die frühen Christen glaubten, dass unser fortwährendes Glauben und Gehorchen für die Errettung notwendig sind, folgt daraus ganz natürlich ihre Überzeugung, dass ein „erretteter" Mensch am Ende doch verloren gehen kann. Zum Beispiel schrieb Irenäus, ein Schüler Polykarps: „Christus [wird] nicht mehr sterben, denn der Tod wird schon nicht mehr über ihn herrschen (Hebräer 6,4-6). ... Wir dürfen also nicht ... hoffärtig sein, ... sondern sollen uns fürchten, dass wir, wenn wir nach der Erkenntnis Christi etwas tun, was Gott nicht gefällt, fürder keine Nachlassung der Sünden erhalten, sondern ausgeschlossen werden vom Reiche Gottes."[95]

Tertullian schrieb: „Manche aber denken sich, Gott wäre genötigt, auch Unwürdigen zu gewähren, was er versprochen hat, und machen so aus seiner Freigebigkeit einen Zwangsdienst. ... Fallen nicht nachher noch viele ab? Wird die Gabe nicht vielen wieder genommen?"[96]

Cyprian sagte seinen Mitgläubigen: „Und da geschrieben steht: „Wer ausharret bis ans Ende, der wird selig sein" (Matthäus 10,22), so ist alles, was vor dem Ende liegt, nur eine Vorstufe, auf der man zum Gipfel des Heils emporsteigt, nicht das Endziel, mit dem man bereits die höchste Spitze erreicht hat."[97]

Eine Schriftstelle, die die frühen Christen häufig zitierten, ist Hebräer 10,26: „Denn wenn wir mutwillig sündigen, nachdem wir die Erkenntnis der Wahrheit empfangen haben, bleibt kein Schlachtopfer für Sünden mehr übrig." Unsere Prediger sagen uns gewöhnlich, der Schreiber des Hebräerbriefes spreche nicht von

---

[95] Irenäus, Gegen die Häresien, Buch 4, Kp 27,2 (Text nach BKV)

[96] Tertullian, Über die Buße, Kp 6 (Text nach BKV)

[97] Cyprian, Über die Einheit der katholischen Kirche, Teil 4, Abschnitt 21 (Text nach BKV)

geretteten Personen. Wenn das so ist, dann hat der Schreiber dies seinen Lesern nicht besonders gut vermittelt. Denn alle frühchristlichen Schreiber bezogen diese Stelle auf Menschen, die bereits gerettet waren.

Eine kleine Anmerkung: Manche Zitate der frühen Christen lassen Sie vielleicht denken, sie hätten in völliger Ungewissheit gelebt. Aber das ist nicht der Fall. Obwohl sie glaubten, ihr himmlischer Vater könnte sie enterben, wenn er es wollte, zeigt der Geist ihrer Schriften insgesamt, dass gehorsame Christen keine morbide Angst vor einer möglichen Enterbung hatten. Sorgt sich ein gehorsamer Sohn beständig darum, dass sein irdischer Vater ihn enterben könnte?

Die Gruppe, die Errettung allein durch Gnade predigte

So überraschend das alles nun für Sie sein mag: Was ich Ihnen als Nächstes erzähle, ist noch skurriler. Es gab eine religiöse Gruppe, von den frühen Christen als Irrlehrer bezeichnet, welche den Standpunkt der Kirche bezüglich Errettung und Werke stark abstritt. Diese Gruppe lehrte, dass der Mensch völlig verdorben sei. Dass wir allein durch Gnade gerettet werden. Dass Werke keine Rolle dabei spielen. Und dass wir unsere Errettung nicht verlieren können, wenn wir sie einmal erlangt haben.

Ich weiß, was Sie jetzt denken: Diese „Irrlehrer" waren die wirklichen Christen und die „orthodoxen" Christen waren die eigentlichen Irrlehrer. Aber dieser Rückschluss ist *nicht möglich*.

„Unmöglich" sage ich deswegen, weil die Gruppe, die ich meine, die Gnostiker sind. Das griechische Wort *gnosis* bedeutet Erkenntnis, und die Gnostiker behaupteten, Gott habe ihnen besondere Erkenntnis geoffenbart, die der Großteil der Kirche nicht besaß. Obwohl jeder gnostische Lehrer seine eigene Version der Lehre hatte, lehrten sie grundsätzlich alle, dass der Schöpfergott ein anderer Gott als der Vater von Jesus war. Als dieser geringere Gott die physische Welt schuf, handelte er ohne die Autorität des Vatergottes. Dabei vermasselte dieser Schöpfer einiges, und der Mensch sei deswegen von Grund auf verdorben. Der Gott des Alten Testaments sei dieser minderwertige Schöpfer und habe andere Eigenschaften als der Gott des Neuen Testaments.

Da nun der Mensch eine fehlerhafte Schöpfung dieses geringen Gottes sei, sei er völlig unfähig, irgendetwas für seine Errettung zu tun. Zum Glück hatte der Vater von Jesus Mitleid mit der Menschheit und sandte seinen Sohn zu unserer Errettung. Da aber das Fleisch völlig verdorben sei, habe der Sohn nicht wirklich ein Mensch werden können. Vielmehr nahm der Sohn nur die *Gestalt* eines Menschen an. Er war nicht wirklich Mensch, starb nie wirklich und wurde auch nicht auferweckt. Da der Mensch völlig verkommen sei, können unsere Werke keine Rolle in unserer Errettung spielen. Vielmehr seien wir nur durch die Gnade des Vaters errettet.[98]

Falls Sie dennoch Zweifel haben, ob diese Gnostiker vielleicht doch echte Christen waren, beachten Sie, was der Apostel Johannes selbst über sie sagte: „Viele Verführer sind in die Welt

---

[98] Tertullian, Über die Auferstehung des Fleisches, Kp 4; Gegen die Valentinianer, Kp 24-30; Gegen Marcion, Buch 1, Kp 2,13,17-21; Irenäus, Gegen die Häresien, Buch 1, Kp 5,6,24-27 und Buch 4, Kp 28-29 (alle Werke sind auf BKV verfügbar)

hinausgegangen, *die nicht Jesus Christus, im Fleisch gekommen, bekennen;* dies ist der Verführer und der Antichrist" (2 Johannes 7). Die Gnostiker waren es, die leugneten, dass Jesus im Fleisch gekommen war, und auf sie hatte Johannes sich bezogen. Er sagte ganz klar, dass sie Verführer und Antichristen waren.

Wenn nun unsere evangelikale Lehre über die Errettung stimmen sollte, dann sind wir mit der unangenehmen Tatsache konfrontiert, dass diese Lehre zuerst von „Verführern und Antichristen" gelehrt wurde und danach erst von Christen.

Die frühchristliche Auffassung von Errettung beruhte unter anderem auch auf folgenden Stellen:

Galater 6,9

Lasst uns aber im Gutestun nicht müde werden, denn zur bestimmten Zeit werden wir ernten, wenn wir nicht ermatten.

2. Korinther 5,10

Denn wir müssen alle vor dem Richterstuhl Christi offenbar werden, damit jeder empfange, was er durch den Leib vollbracht, *dementsprechend, was er getan hat, es sei Gutes oder Böses.*

Epheser 5,5

Denn dies sollt ihr wissen und erkennen, dass kein Unzüchtiger oder Unreiner oder Habsüchtiger – er ist ein Götzendiener – ein Erbteil hat in dem Reich Christi und Gottes.

2. Timotheus 2,12

Wenn wir ausharren, werden wir auch mitherrschen; wenn wir verleugnen, wird auch er uns verleugnen; wenn wir untreu sind – er bleibt treu, denn er kann sich selbst nicht verleugnen.

Hebräer 4,11

Lasst uns nun eifrig sein, in jene Ruhe einzugehen, damit nicht jemand nach demselben Beispiel des Ungehorsams falle.

Hebräer 10,36

Denn Ausharren habt ihr nötig, damit ihr, nachdem ihr den Willen Gottes getan habt, die Verheißung davontragt.

2. Petrus 2, 20-21

Denn wenn sie den Befleckungen der Welt durch die Erkenntnis des Herrn und Heilandes Jesus Christus entflohen sind, aber wieder in diese verwickelt und überwältigt werden, so ist für sie das letzte schlimmer geworden als das erste. Denn es wäre ihnen besser, den Weg der Gerechtigkeit nicht erkannt zu haben, als sich, nachdem sie ihn erkannt haben, wieder abzuwenden von dem ihnen überlieferten heiligen Gebot.

Johannes 15,10

Wenn ihr meine Gebote haltet, so werdet ihr in meiner Liebe bleiben.

Johannes 8,31

Wenn ihr in meinem Wort bleibt, so seid ihr wahrhaft meine Jünger.

Johannes 8,51

Wenn jemand mein Wort bewahren wird, so wird er den Tod nicht sehen ewiglich.

Matthäus 25,33-35

Und er wird die Schafe zu seiner Rechten stellen, die Böcke aber zur Linken. Dann wird der König zu denen zu seiner Rechten sagen: Kommt her, Gesegnete meines Vaters, erbt das Reich, das euch bereitet ist von Grundlegung der Welt an; denn mich hungerte, und ihr gabt mir zu essen; mich dürstete, und ihr gabt mir zu trinken.

Johannes 15,1.6

Ich bin der wahre Weinstock, und mein Vater ist der Weingärtner....Wenn jemand nicht in mir bleibt, so wird er hinausgeworfen wie die Rebe und verdorrt, und man sammelt sie und wirft sie ins Feuer, und sie verbrennen.

Römer 2,6-7

Der einem jeden vergelten wird nach seinen Werken: denen, die mit Ausdauer in gutem Werk Herrlichkeit und Ehre und Unverweslichkeit suchen, ewiges Leben.

1. Korinther 15,2

(Das Evangelium), durch das ihr auch errettet werdet, wenn ihr festhaltet, mit welcher Rede ich es euch verkündigt habe, es sei denn, dass ihr vergeblich zum Glauben gekommen seid.

Hebräer 12,25

Seht zu, dass ihr den nicht abweist, der da redet! Denn wenn jene nicht entkamen, die den abwiesen, der auf Erden die göttlichen Weisungen gab: wieviel mehr wir nicht, wenn wir uns von dem abwenden, der von den Himmeln her redet!

Jakobus 1,12

Glückselig der Mann, der die Versuchung erduldet! Denn nachdem er bewährt ist, wird er den Siegeskranz des Lebens empfangen, den er denen verheißen hat, die ihn lieben.

7. Was sie über Prädestination und freien Willen glaubten

Viele evangelikale Christen sind der Überzeugung, dass Luther mit seiner Reformation die Kirche zu den Standards der frühen Christen zurück brachte. Es glauben ebenfalls viele, dass evangelikale Christen heutzutage das gleiche lehren wie Luther. Beide dieser Annahmen sind aber falsch.

Es hat Sie wahrscheinlich überrascht zu erfahren, dass unsere heutige Lehrmeinung der Errettung durch Glauben allein sich von dem unterscheidet, was die frühen Christen lehrten. Vielleicht überrascht es Sie noch mehr zu hören, dass unsere Lehre über die Errettung sich auch von dem unterscheidet, was Luther und die anderen Reformatoren lehrten. Genauer gesagt vertreten wir nur die *Hälfte* der reformatorischen Errettungslehre.

Obwohl Luther manchmal von „Errettung alleine aus Glauben" sprach, lehrte er auch, dass der Mensch völlig verdorben ist und weder Glauben an Gott haben noch das Geschenk der Errettung annehmen kann. Deshalb haben nur solche Personen einen rettenden Glauben, denen Gott diesen Glauben geschenkt hat. Und Gott hat diesen Glauben nur denen gegeben, die er vor Erschaffung der Welt willkürlich dazu vorherbestimmt hat. Mit dem Wort „willkürlich" meine ich Luthers Ansicht, dass Gottes Entscheidung zur Vergabe des Glaubens an einige, und nicht an andere, nicht von Verlangen, Glauben, Gerechtigkeit, Taten oder Gebeten des Empfängers abhängig war.

Letztendlich konnte Luther nur beklagend feststellen: „Hier liegt die höchste Stufe des Glaubens vor: zu glauben, dass er gnädig ist, der so wenige rettet und so viele verdammt, zu glauben, dass er gerecht ist, der durch seinen eigenen Willen uns notwendig verdammenswert macht."[99] Die Reformation lehrte also weder, dass man durch den Glauben allein, noch dass man durch das Annehmen Christi errettet wird. Sie lehrte stattdessen, dass die Auserwählten alleine durch Gnade gerettet werden, während der Rest der Menschheit ewig verdammt ist. Dass diese These der Prädestination von Johannes Calvin stammt, ist ein weit verbreiteter Mythos, aber Calvin wiederholte lediglich die etablierte Theologie der Reformation. Wenn also heutzutage jemand behauptet, dass die Errettung jedem offen steht, widerspricht er damit einer grundlegenden Lehre der Reformation.

In den Jahrhunderten nach der Reformation versuchten evangelikale Christen, eine spottende Welt davon zu überzeugen, dass unser Leben und unser ewiges Schicksal willkürlich von Gott vorherbestimmt wurden, und dass wir einen solchen Gott lieben sollten. Wie ironisch ist es also, dass es ursprünglich die Christen waren, welche die spottende Welt davon überzeugen wollten, dass unser Leben und unser Schicksal *nicht* vorherbestimmt sind.

---

[99] Martin Luther, Vom unfreien Willen, etwa am Ende des zweiten Fünftels im Fließtext:
http://www.glaubensstimme.de/doku.php?id=autoren:l:luther:v:vom_unfreien_willen

Der Glaube an den freien Willen

Die frühen Christen glaubten fest an den freien Willen. Justinus der Märtyrer brachte gegenüber den Römern folgendes Argument vor: „Dass die Strafen und Züchtigungen wie auch die Belohnungen nach dem Werte der Handlungen eines jeden zugeteilt werden, darüber sind wir von den Propheten belehrt worden und verkünden es als wahr. Wenn das nicht der Fall wäre, sondern alles nach einem Verhängnisse geschähe, so gäbe es gar keine Verantwortlichkeit; denn wenn es vom Schicksale bestimmt ist, dass dieser gut und jener schlecht ist, so ist der eine so wenig zu loben als der andere zu tadeln. Und wiederum: Wenn das Menschengeschlecht nicht das Vermögen hat, aus freier Wahl das Schändliche zu fliehen und sich für das Gute zu entscheiden, so ist es unschuldig an allem, was es tut. ... Auch verdiente er weder Strafe noch Lohn, wenn er nicht aus sich das Gute wählte, sondern dazu geboren wäre, und ebenso könnte ihn nicht, wenn er böse wäre, mit Recht Strafe treffen, da er nicht aus sich so wäre, sondern nichts anderes sein könnte, als wozu die Natur ihn gemacht hätte."[100]

Clemens gab die gleiche Auffassung wieder: „Es wären aber weder Lob noch Tadel, weder Ehrungen noch Strafen berechtigt, wenn die Seele nicht die Möglichkeit hätte, etwas zu erstreben und es abzulehnen, sondern das Tun des Schlechten unfreiwillig wäre."[101]

---

[100] Justinus der Märtyrer, Erste Apologie, Kapitel 43 (Text nach BKV)

[101] Clemens von Alexandria, Strometeis (Teppiche), Buch 1, Kap. 17/83/5 (Text nach BKV)

Archelaus schrieb ein paar Jahrzehnte später die gleiche Sichtweise nieder: „Alle Geschöpfe, die Gott schuf, machte er sehr gut. Und Er gab jedem einzelnen das Bewusstsein eines freien Willens, und gemäß diesem Standard legte Er auch das Gesetz des Gerichts fest. ... Und gewiss, wer will, mag die Gebote halten. Wer immer sie jedoch verachtet, sich abwendet und das Gegenteil davon tut, wird sich ohne Zweifel diesem Gesetz des Gerichts stellen müssen. ... Es kann keinen Zweifel darüber geben, dass sich jeder Einzelne, durch die Kraft seines eigenen Willens, seine Zukunft in der Weise gestaltet, wie er will."[102]

Der christliche Märtyrer Methodius lebte am Ende des dritten Jahrhunderts und schrieb ähnlich: „Jene (Heiden), die schlussfolgern, der Mensch hätte keinen freien Willen, sondern sei durch die unvermeidlichen Notwendigkeiten des Schicksals bestimmt, sind schuldig der Verunehrung Gottes, indem sie Ihn zur Ursache und zum Urheber der menschlichen Bosheit machen." [103]

Die frühen Christen stellten dabei nicht bloß Spekulationen an, sondern bezogen ihre Überzeugungen aus den folgenden (und noch weiteren) Schriftstellen:

- „Denn so hat Gott die Welt geliebt, dass er seinen eingeborenen Sohn gab, damit jeder, der an ihn glaubt, nicht verloren gehe, sondern ewiges Leben habe." (Johannes 3,16)

---

[102] Archelaus, Disputation mit Manes, aus Abschnitt 32+33 (aus dem Englischen übersetzt)

[103] Methodius, Das Bankett der zehn Jungfrauen, Diskurs 8, Kapitel 16 (aus dem Englischen übersetzt)

- „Der Herr verzögert nicht die Verheißung, wie es einige für eine Verzögerung halten, sondern er ist langmütig euch gegenüber, da er *nicht will, dass irgendwelche verloren gehen,* sondern dass alle zur Buße kommen." (2. Petrus 3,9)

- „Und der Geist und die Braut sagen: Komm! Und wer es hört, spreche: Komm! Und wen dürstet, der komme! *Wer da will,* nehme das Wasser des Lebens umsonst!" (Offenbarung 22,17)

- „Ich rufe heute den Himmel und die Erde als Zeugen gegen euch auf: das Leben und den Tod habe ich euch vorgelegt, den Segen und den Fluch! So *wähle das Leben,* damit du lebst, du und deine Nachkommen." (5. Mose 30,19)

Ursprünglich war es also die heidnische Welt, nicht die Christen, die an Prädestination glaubte. Aber in einer dieser merkwürdigen Wendungen der Kirchengeschichte stellte sich Martin Luther auf die Seite der heidnischen Römer und gegen die frühen Christen. Ich meine damit nicht, dass er sich bloß *im Effekt* auf ihre Seite stellte. Ich meine, dass er *wörtlich* für sie Partei ergriff! Luther schrieb zum Beispiel über Schicksal und Prädestination:

„(Warum sei es) ... unfromm, neugierig und nichtig zu sagen, dass Gott alles mit Notwendigkeit vorherwisse? ... Die heidnischen Dichter und das ungebildete Volk selbst führen das sprichwörtlich im Munde. Wie oft erwähnt allein Vergil das Schicksal? „Alles steht sicher durch Gesetz". Ebenso: „Einem jeden ist seine Zeit bestimmt". Ebenso: „Wenn Dich das Schicksal ruft". Ebenso: „Ob man das harte Schicksal durchbrechen könne". Dieser Dichter tut nichts anderes, als dass er an der Zerstörung Trojas und der Errichtung des römischen Reiches aufzeigt, dass das Schicksal mehr vermag als die Anstrengungen aller Menschen … So sehen wir, dass im einfachen Volk nicht minder das Wissen um die Vorherbestimmung und das Vorherwissen Gottes geblieben ist, als die Gottesvorstellung selbst. Aber die, die weise scheinen wollten, sind durch ihre Überlegungen davon abgekommen, bis sie verblendeten Herzens Narren wurden und leugneten oder in Abrede stellten das, was die Dichter und das einfache Volk und auch ihr eigenes Gewissen für das Vertrauteste, Gewisseste und Wahrste halten."[104]

Aber heißt es nicht in der Bibel …?

In meinem Beobachtungskreis sagen manche – vielleicht sogar die meisten – evangelikalen Christen, dass sie an Prädestination glauben. Aber ihre Gebete und Handlungen beweisen das Gegenteil. Andere zucken nur mit den Schultern und geben zu, dass sie gar nicht wissen, was sie überhaupt glauben.

Unser Dilemma ist der Umstand, dass uns die Bibel sowohl sagt: „Wähle das Leben, damit du lebst" (5. Mose 30,19), als auch, dass es „nun nicht an dem Wollenden, noch an dem Laufenden, sondern an dem begnadigenden Gott" liegt (Römer 9,16). Einerseits lehrt uns die Schrift, dass Gott geduldig ist „da er nicht will, dass irgendwelche verloren gehen, sondern dass alle zur Buße kom-

---

[104] Martin Luther, Vom unfreien Willen, zu finden etwa am Ende des ersten Fünftels im Fließtext:
http://www.glaubensstimme.de/doku.php?id=autoren:l:luther:v:vom_unfreien_willen

men" (2. Petrus 3,9); aber andererseits sagt sie über Gott auch: „Wen er will, begnadigt er, und wen er will, verhärtet er" (Römer 9,18).

Ich habe den Großteil meines Erwachsenenlebens mit diesen scheinbar widersprüchlichen Stellen gerungen. Deshalb war es eine Erleichterung herauszufinden, dass die frühen Christen eine logische und schrifttreue Erklärung für diese scheinbaren Widersprüche hatten. Genau genommen ist ihre Sichtweise über die Voraussicht Gottes und den freien Willen des Menschen eine der vernünftigsten, die ich je gehört habe.

Im Gegensatz dazu waren es wieder einmal gnostische Lehrer, welche die Lehre über die willkürliche Vorherbestimmung des Menschen zur Errettung oder Verdammung vertraten. Wenn wir, wie die Gnostiker es lehrten, auf Grund unserer Erschaffung durch einen ungerechten, minderwertigen Gott völlig verkommen sind, kann unsere Errettung ganz selbstverständlich nur durch eine willkürliche Erwählung Gottes zustande kommen. In seinem Werk *Über die ersten Dinge* behandelte Origenes viele der Schriftstellen, die die Gnostiker für ihre Argumentation verwendeten. Er beantwortete dabei auch einige der Fragen über Prädestination und den freien Willen, die ihm seine Schüler gestellt hatten. Hier ist ein Auszug aus Origenes' Diskussion:[105]

„Die kirchliche Lehre enthält auch den Satz, der besagt, dass Gott ein gerechtes Gericht halten wird. Diese Tatsache spornt jene, die glauben, dazu an, tugendhaft zu leben und Sünde zu meiden. Sie

---

[105] Origines – eine Paraphrase und Zusammenfassung aus: Über die Grundlehren der Glaubenswissenschaft (De principiis) 3. Buch, 1. Abschnitt (aus dem Englischen übersetzt)

erkennen an, dass die Handlungen, die Lob oder Tadel verdienen, in unserer Macht stehen.

Es ist unsere Verantwortung, gerecht zu leben. Gott erwartet das von uns, nicht als ob es von Ihm abhinge, oder von jemand anderem, oder vom Schicksal (wie manche meinen), sondern von uns selbst. Der Prophet Micha machte das deutlich, als er sagte: „Man hat dir mitgeteilt, Mensch, was gut ist. Und was fordert der Herr von dir, als Recht zu üben und Güte zu lieben?" (vgl. Micha 6,8) Mose sagte gleichfalls: „Siehe, ich habe dir heute vorgelegt das Leben und das Gute, den Tod und das Böse. Wähle das Gute und lebe darin." (vgl. 5.Mose 30,15-19)

Beachte, wie auch Paulus aus dem Verständnis heraus zu uns spricht, dass wir einen freien Willen haben und für uns selbst die Ursache unserer Verdammnis und unseres Heils sind. Er sagt: „Oder verachtest du den Reichtum seiner Güte und Geduld und Langmut und weißt nicht, dass die Güte Gottes dich zur Buße leitet? Nach deiner Störrigkeit und deinem unbußfertigen Herzen aber häufst du dir selbst Zorn auf für den Tag des Zorns und der Offenbarung des gerechten Gerichtes Gottes, der einem jeden vergelten wird nach seinen Werken: Denen, die mit Ausdauer in jedem guten Werk Herrlichkeit und Ehre und Unvergänglichkeit suchen, ewiges Leben; denen jedoch, die von Selbstsucht bestimmt und der Wahrheit ungehorsam sind, der Ungerechtigkeit aber gehorsam, Zorn und Grimm." (Röm 2,4-8)

Doch bestimmte Aussagen im Alten und Neuen Testament könnten uns zu entgegengesetzten Schlüssen führen: Dass es nicht von uns abhinge, die Gebote zu halten und errettet zu werden. Oder sie zu übertreten und verloren zu gehen. So lasst uns diese nun einzeln überprüfen.

Erstens wurden viele durch die Äußerungen betreffend Pharao verunsichert. Gott sagte mehrmals: „Ich will das Herz des Pharao verhärten:" (2.Mose 4,21) Natürlich, wenn Pharao durch Gott verhärtet wurde und aufgrund dieser Verhärtung sündigte, dann war er selbst nicht die Ursache seiner Sünde. Also hatte er keinen freien Willen.

Zusammen mit dieser Stelle, lasst uns auch den folgenden Text bei Paulus betrachten: „Ja freilich, Mensch, wer bist du, der du das Wort nimmst gegen Gott? Wird etwa das Geformte zu seinem Former sagen: Warum hast du mich so gemacht? Oder hat der Töpfer nicht Macht über den Ton, aus derselben Masse das eine Gefäß zur Ehre und das andere zur Unehre zu machen?" (Röm 9,20-21)

Da wir Gott sowohl für gut als auch gerecht halten, wollen wir sehen, wie ein guter und gerechter Gott das Herz des Pharao verhärten konnte. Vielleicht können wir anhand einer Illustration des Apostels im Hebräerbrief zeigen, dass durch dasselbe Handeln Gott einem Menschen Gnade erweist, während er den anderen verhärtet, obwohl die Verhärtung nicht beabsichtigt ist: „Denn ein Land, das den häufig darauf kommenden Regen trinkt und nützliches Kraut hervorbringt für diejenigen, um deretwillen es auch bebaut wird, empfängt Segen von Gott. Wenn es aber Dornen und Disteln hervorbringt, so ist es unbrauchbar und dem Fluch nahe, der am Ende zur Verbrennung führt." (Heb 6,7-8)

Es wäre seltsam, würde der, der den Regen spendet, sagen: „Ich habe sowohl die Frucht als auch die Dornen aus der Erde hervorgebracht." Doch so seltsam es auch klingt, es ist wahr. Wäre der Regen nicht gefallen, gäbe es weder Frucht noch Dornen. Der Segen des Regens fiel also auch auf das unfruchtbare Land. Aber weil es vernachlässigt und unbearbeitet war, brachte es nur Dornen und Disteln hervor. In derselben Weise wirken also die wunderbaren Taten Gottes wie der Regen. Die unterschiedlichen Ergebnisse sind vergleichbar dem kultivierten und dem vernachlässigten Land.

Die Taten Gottes sind auch der Sonne vergleichbar, die sagen könnte: „Ich kann sowohl weich als auch hart machen." Obwohl dies entgegengesetzte Wirkungen sind, würde die Sonne doch nicht lügen, denn dieselbe Hitze macht Wachs weich und härtet den Schlamm. In ähnlicher Weise haben die durch Mose bewirkten Wunder den Pharao wegen dessen eigener Bosheit hart gemacht. Aber sie machten das ägyptische Mischvolk weich, das mit den Hebräern Ägypten verließ.

Betrachten wir noch eine Stelle: „So liegt es nun nicht an dem Wollenden, auch nicht an dem Laufenden, sondern an dem sich erbarmenden Gott." (Röm 9,16) Paulus bestreitet nicht, dass etwas mit menschlichen Mitteln getan werden muss. Aber für das Gelingen verweist er dankbar auf Gott, der dies zur Vollendung bringt. Das menschliche Sehnen alleine ist unzureichend, um das Ziel zu erreichen. Das Laufen alleine erwirbt den Athleten noch nicht den Siegespreis, noch den Christen die hohe Berufung Gottes in Christus. Diese Dinge werden nur mit der Hilfe Gottes erreicht.

In dem er auf die Landwirtschaft anspielt, sagt Paulus. „Ich habe gepflanzt, Apollos hat begossen, Gott aber hat das Wachstum gegeben. So ist weder der da pflanzt etwas, noch der da begießt, sondern Gott, der das Wachstum gibt." (1.Kor 3,6-7) Wir könnten nun nicht wirklich sagen, dass das Anbauen und Einbringen der Ernte alleine das Werk des Bauern sei. Noch dessen, der gießt. Es ist in letzter Konsequenz das Werk Gottes. Bei uns ist es ähnlich. Es ist nicht so, dass wir selbst keine Rolle in unserem geistlichen Wachstum spielen. Doch es wird nicht durch uns vollendet, denn Gott wirkt den größeren Teil darin. Dasselbe trifft auf unsere Errettung zu. Was Gott tut, ist unendlich viel größer als was wir tun."

Kann Gott die Zukunft vorhersehen?

Obwohl die frühen Christen nicht an Prädestination glaubten, waren sie fest von Gottes Souveränität und seiner Fähigkeit, die Zukunft vorherzusehen, überzeugt. Sie verstanden zum Beispiel die Prophezeiung über Jakob und Esau als Ergebnis seiner Vorhersehung und nicht als willkürliche Vorherbestimmung des Schicksals dieser beiden Männer. Die frühen Christen sahen also einen großen Unterschied zwischen *Vorhersehen* und *Verursachen*.

8. Was die Taufe für die frühen Christen bedeutete

Ich erinnere mich noch an das erste Mal, als ich Jesu Worte an Nikodemus las: „Wahrlich, wahrlich, ich sage dir: Wenn jemand nicht aus Wasser und Geist geboren wird, kann er nicht in das Reich Gottes eingehen" (Johannes 3,5). Damals war ich ein kleiner Junge, und ich las diesen Vers in einer kleinen Bibelstudiengruppe. Der Lehrer stellte die Frage: „Was heißt das, aus ‚Wasser' geboren zu werden?" Ich dachte kurz nach und meldete mich schnell. „Jesus muss die Wassertaufe gemeint haben", sprudelte ich hervor und war stolz auf mich, dass ich darauf gekommen war. Aber zu meinem Leidwesen erklärte der Lehrer, dass dies ein häufiges Missverständnis sei und dass „aus Wasser geboren sein" nicht die Wassertaufe meinte.

In all den folgenden Jahren konnte ich nun andere korrigieren, die irrtümlicherweise dachten, dass dieser Abschnitt sich auf die Wassertaufe bezöge. Ich kam mir richtig weise vor, dass ich in der Lage war, die „korrekte" Sicht zu erklären. Deshalb nahm es mir ziemlich den Wind aus den Segeln, als ich entdeckte, dass die frühen Christen ausnahmslos Jesu Worte so verstanden, dass sie die Wassertaufe bezeichneten.

Und wieder einmal waren es die Gnostiker, die anders als die Kirche lehrten und sagten, dass Menschen durch die Wassertaufe nicht wiedergeboren oder erneuert werden könnten. Irenäus schrieb über sie: „Dies Trugbild aber hat ihnen der Teufel selber untergeschoben, um die Taufe zur Wiedergeburt in Gott und den gesamten Glauben zu vernichten."[106]

In der heutigen evangelikalen Kirche wird die Wassertaufe oft als eine eher unbedeutende Angelegenheit betrachtet, jedenfalls was die Errettung angeht. Für die frühen Christen war sie allerdings äußerst bedeutungsvoll. Sie verbanden drei sehr wichtige Dinge mit der Wassertaufe:

1. Vergebung der Sünden. Sie glaubten, dass die Wassertaufe alle vergangenen Sünden auslöschte. Zum Beispiel schrieb Justinus der Märtyrer: „Diesen Weg (um die Verheißungen Gottes zu erlangen) geht ihr aber nur dann, wenn ihr unseren Christus anerkennt, euch in dem durch Isaias verkündeten, der Nachlassung der Sünden dienenden Bade reinigt und dann ohne Sünden lebt."[107]

Sie gründeten ihre Ansichten über die Taufe und die Wegnahme der Sünde unter anderem auf folgende Bibelstellen:

- „Und nun, was zögerst du? Steh auf, lass dich taufen und *deine Sünden abwaschen*, indem du seinen Namen anrufst." (Apostelgeschichte 22,16)

- „[Er errettete uns,] nicht aus Werken, die, in Gerechtigkeit vollbracht, wir getan hätten, sondern nach seiner Barmherzigkeit *durch die Waschung der Wiedergeburt* und Erneuerung des Heiligen Geistes." (Titus 3,5)

---

[106] Irenäus, Gegen die Häresien, Buch 1, Kp 21,1 (Text nach BKV)
[107] Justinus der Märtyrer, Dialog mit dem Juden Trypho, Kp 44 (Text nach BKV)

- *„Das Gegenbild dazu errettet jetzt auch euch, das ist die Taufe –* nicht ein Ablegen der Unreinheit des Fleisches, sondern die Bitte an Gott um ein gutes Gewissen." (1. Petrus 3,21)
- „Tut Buße, und jeder von euch lasse sich taufen auf den Namen Jesu Christi zur Vergebung eurer Sünden, und ihr werdet die Gabe des Heiligen Geistes empfangen." (Apostelgeschichte 2,38)

Weil diese Waschung völlig unabhängig von jeglichem Verdienst seitens der getauften Person war, bezeichnete man die Taufe häufig als „Gnade". Ich war überrascht zu sehen, dass die frühen Christen den Begriff „Gnade" für einen spezifischen Akt wie die Taufe verwendeten. Vor einigen Jahren, als die Erwachsenengruppe unserer Sonntagsschule die Glaubensansichten der Römisch-Katholischen Kirche studierte, diskutierten wir über deren Gebrauch des Wortes „Gnade", um Sakramente zu bezeichnen, die vom Priester gespendet werden. Ich erinnere mich, wie ich mir dabei dachte: „Die Katholiken bringen ja wirklich einiges durcheinander!" Heute stelle ich fest, dass der katholische Gebrauch des Begriffs möglicherweise dem viel näher steht, was die Christen im Neuen Testament unter dem Wort verstanden.

2. Die neue Geburt. Auf Grund von Jesu Worten an Nikodemus glaubten die frühen Christen auch, dass die Wassertaufe das Mittel ist, durch das ein Mensch wiedergeboren wird. Irenäus erwähnte dies in einer Diskussion über die Taufe: „Da wir durch die Sünde wie Aussätzige sind, werden wir von unseren früheren Übertretungen durch das geheiligte Wasser und die Anrufung des Herrn gereinigt. Wir werden auf diese Weise geistlich erneuert als neugeborene Kinder, wie es auch der Herr verkündigte: ‚Wenn jemand nicht aus Wasser und Geist geboren wird, kann er nicht in das Reich Gottes hineingehen.'" (Johannes 3,5)[108]

3. Geistliche Erleuchtung. Die frühen Christen glaubten, dass der frischgetaufte Mensch, nachdem er den Heiligen Geist empfangen hatte, einen klareren Blick für geistliche Dinge hatte, weil er als Kind Gottes und Bürger seines Reiches Erleuchtung empfangen hatte.

Clemens von Alexandria behandelte alle drei dieser geistlichen Ereignisse, die mit der Taufe zusammenhängen: „Dieser Vorgang wird aber auf vielerlei Weise benannt: Gnadengabe und Erleuchtung und Vollkommenheit und Bad; Bad, insofern dadurch unsere Sünden abgewaschen werden; Gnadengabe, insofern dadurch die Strafen für die Verfehlungen erlassen werden; Erleuchtung, insofern dadurch jenes heilige Licht der Erlösung geschaut wird, das heißt, insofern wir dadurch die Gottheit klar sehen."[109]

In einem Brief an einen jungen christlichen Freund erklärte Cyprian seine eigene Taufe auf ähnliche Weise: „Da hielt ich es bei meinem damaligen Lebenswandel für höchst schwierig und unwahrscheinlich, was mir die göttliche Gnade zum Heile verhieß: dass man von neuem wiedergeboren werden könne und dass man, durch das Bad des heilbringenden Wassers zu neuem Leben beseelt, das ablege, was man früher gewesen, und trotz der Fortdauer der leiblichen Gestalt den Menschen nach Herz und Sinn umändere. ... So völlig war ich den mir anhaftenden Lastern

---

[108] Irenäus, Fragment aus verlorenen Schriften, Nr 34 (übersetzt aus dem Englischen)

[109] Clemens von Alexandria, Paidagogos, Buch 1, Kp 6, Sec 25,2 (Text nach BKV)

ergeben, und in der Verzweiflung an einer Besserung hielt ich es mit meinen Übeln wie mit unbedingt zugehörigen Hausgenossen. Nachdem aber mit Hilfe des lebenspendenden Wassers der Taufe der Schmutz der früheren Jahre abgewaschen war und sich in die nun entsühnte und reine Brust von oben her das Licht ergossen hatte, nachdem ich den himmlischen Geist eingesogen hatte und durch die zweite Geburt in einen neuen Menschen umgewandelt war, da wurde mir plötzlich auf ganz wunderbare Weise das Zweifelhafte zur Gewissheit."[110]

Die Taufe war kein leeres Ritual

Kurz gesagt war die Taufe für die frühe Christenheit ein übernatürlicher Initiationsritus, durch den ein neuer Gläubiger von dem Zustand des alten Menschen im Fleisch in den neuen, wiedergeborenen Menschen des Geistes überging. Denken Sie aber bitte nicht, dass die Taufhandlung ein leeres Ritual war. Die frühen Christen trennten die Taufe nicht von Glauben und Umkehr. Die Taufe war kein magisches Ritual, das einen Menschen auch dann erneuern konnte, wenn sie nicht von Glauben und Umkehr begleitet war. Sie lehrten ausdrücklich, dass Gott nicht dazu verpflichtet war, Vergebung der Sünden zu gewähren, nur weil jemand den Akt der Taufe an sich vollziehen

---

[110] Cyprian, An Donatus, Teil 1, Kp 3+4 (Text nach BKV)

ließ.[111] Ein ungläubiger Mensch wurde durch die Wassertaufe nicht wiedergeboren.

In seiner ersten Apologie erklärte Justinus der Märtyrer den Heiden, wie Glaube, Umkehr und Taufe untrennbar miteinander verwoben sind: „Alle, die sich von der Wahrheit unserer Lehren und Aussagen überzeugen lassen, die glauben und versprechen, dass sie es vermögen, ihr Leben darnach einzurichten, werden angeleitet zu beten, und unter Fasten Verzeihung ihrer früheren Vergehungen von Gott zu erflehen. Auch wir beten und fasten mit ihnen. Dann werden sie von uns an einen Ort geführt, wo Wasser ist, und werden neu geboren in einer Art von Wiedergeburt, die wir auch selbst an uns erfahren haben; denn im Namen Gottes, des Vaters und Herrn aller Dinge, und im Namen unseres Heilandes Jesus Christus und des Heiligen Geistes nehmen sie alsdann im Wasser ein Bad. Christus sagte nämlich: Wenn ihr nicht wiedergeboren werdet, werdet ihr in das Himmelreich nicht eingehen (Johannes 3,5)"[112]

Waren ungetaufte Personen automatisch verdammt?

Eine Sache, die mich an den frühen Christen besonders beeindruckt, ist, dass sie Gott niemals in eine Schublade steckten. Zum Beispiel glaubten sie immer, dass Gott die Heiden, die nie Gelegenheit gehabt hatten, von Christus zu hören, liebevoll und

---

[111] Tertullian, Über die Buße, Kp 6 (dort ausführlich diskutiert)
[112] Justinus, der Märtyrer, 1. Apologie, Kp 61 (Text nach BKV)

gerecht behandeln würde. Ebenso glaubten sie, dass, obwohl die Taufe der normale Zugang zur Gnade und Mittel zur Wiedergeburt ist, Gott nicht zwingend daran gebunden ist. Zum Beispiel glaubten sie, dass ungetaufte Babys, die in der Kindheit sterben, noch gerettet werden können. Es war Augustinus, der Jahrhunderte später lehrte, dass alle ungetauften Kleinkinder verdammt seien.

Ein weiteres Beispiel war das der Märtyrer. Viele Neubekehrte wurden umgebracht, bevor sie jemals eine Chance hatten, getauft zu werden. Die frühe Kirche wusste, dass der Gott der Liebe solche Menschen nicht verlassen würde. Die Kirche sagte, dass diese in einem gewissen Sinne mit einer Blutstaufe getauft worden waren (Matthäus 10,38-39). Obwohl die frühen Christen die Wichtigkeit der Taufe und ihrer Rolle in der Neugeburt betonten, stellten sie Gott trotzdem nicht als ein kaltes, starres Wesen dar, das auf keine andere Weise wirken könnte.

Der evangelikale Übergangsritus

Interessanterweise scheinen wir Evangelikalen anzuerkennen, dass eine Art Anfangszeremonie oder Übergangsritus vonnöten ist, um die christliche Wiedergeburt zu markieren. Umso seltsamer ist es, dass wir in der Regel die historische Zeremonie der Wiedergeburt durch Taufe abgelehnt haben und unsere eigene besondere Zeremonie entwickelt haben – den Ruf zum Altar[113]. Als Petrus zu Pfingsten den Juden predigte, fragten ihn seine Zuhörer: „Was

---

[113] In Europa: Das Übergabegebet

sollen wir tun?" (Apostelgeschichte 2,37). Wies Petrus sie an, nach vorne vor die Menge zu kommen und Jesus in ihre Herzen einzuladen? Nein, er sagte zu ihnen: „Tut Buße, und jeder von euch lasse sich taufen auf den Namen Jesu Christi zur Vergebung eurer Sünden" (Apostelgeschichte 2,38).

Was tat Philippus, nachdem er dem äthiopischen Kämmerer das Evangelium erklärt hatte? Er taufte ihn sofort (Apostelgeschichte 8,34-38). Auch als Gott Petrus durch die Ausgießung des Heiligen Geistes auf Cornelius gezeigt hatte, dass der christliche Glaube auch den Heiden offen stand, war das erste, was Petrus tat, Cornelius und dessen Familie zu taufen (Apostelgeschichte 10,44-48). Als Paulus um Mitternacht dem Gefängniswärter aus Philippi und seinem Haushalt predigte, veranstaltete er dann einen Ruf zum Altar? Nein! Die Bibel sagt: „Und sie redeten das Wort des Herrn zu ihm samt allen, die in seinem Haus waren. Und er nahm sie in jener Stunde der Nacht zu sich und wusch ihnen die Striemen ab; und er ließ sich taufen und alle die Seinen sogleich" (Apostelgeschichte 16,32-33).

Da wir die Notwendigkeit verspüren, unsere geistliche Wiedergeburt mit einem festen Tag und Stunde in Verbindung zu bringen, warum machen wir sie dann nicht an der Taufe fest, statt am Ruf zum Altar? Der Ruf zum Altar und verwandte Übergabegebete sind eigentlich Produkte der Erweckungsbewegungen des 18. und 19. Jahrhunderts, und sie waren den Christen zuvor gänzlich unbekannt.

9. Wohlstand: Segen oder Fallstrick?

Der Pastor der größten Gemeinde der Welt, Dr. Paul Yonggi Cho, schrieb kürzlich ein Buch über das Thema Wohlstand unter Christen. Er nannte es „Errettung, Gesundheit und Wohlstand". Nachdem er die Tatsache erörtert hatte, dass wir Bürger des Himmels sind, beteuerte er weiter: „Wenn wir Könige sind, sollten wir nicht Majestät, Ehre und materielle Dinge haben, die für Könige angemessen sind? Dies ist unser natürliches Erbe. Es ist ein Vermächtnis, das wir in Anspruch nehmen können, wenn wir unsere gültigen Ausweise vorlegen. Dies sind unsere Schätze, die wir in Anspruch nehmen können, so leicht wie wir von einer Bank Geld abheben könnten, das in unserem Namen auf unser eigenes Konto eingezahlt worden wäre. Wenn jemand behauptet, König zu sein, und dabei verarmt ist oder hoffnungslos krank im Bett liegt, wie können die Menschen glauben, dass er ein König ist?"[114]

Das „Gesundheits- und Wohlstandsevangelium" ist in der heutigen Kirche extrem beliebt. Viele der schnellstwachsenden Gemeinden Amerikas und der ganzen Welt predigen dieses „Evangelium". Einige Wohlstandsprediger bauen eine ganze Theologie auf einem Vers aus dem dritten Johannesbrief auf: „Geliebter, ich wünsche, dass es dir in allem wohl geht und du gesund bist, wie es deiner Seele wohl geht" (3. Johannes 2).

---

[114] Dr. Paul Yonggi Cho, Salvation, Health and Prosperity, Atamonte Springs, Florida/USA, Creation House 1987, S 51

Was meinte Johannes mit diesen Worten? Sagte er, dass er wollte, dass seine Mitchristen materiellen Wohlstand besäßen und körperlich gesund sein sollten? Versprach er ihnen Reichtum und Gesundheit von Gott?

Bevor man nun über die Bedeutung von Johannes' Worten mutmaßt, warum kommt man nicht auf die Idee, die Schriften Polykarps, der Johannes' engster Wegbegleiter war, zu befragen? Wenn unsere Wohlstandsprediger die Schriften von Johannes' Mitstreiter geprüft hätten, wäre ihnen eine dringende Warnung davor begegnet, materiellen Wohlstand zu suchen – und nicht eine Botschaft von körperlicher Gesundheit und materiellem Wohlstand. Tatsächlich bezeugen die frühen Christen, dass die Apostel selbst in Armut lebten, nicht in materiellem Wohlstand.

Anstatt Wohlstand als einen versprochenen Segen von Gott zu betrachten, sahen die frühen Christen ihn als eine Bindung, die einen Christen das ewige Leben kosten konnte. Sie begründeten diese Überzeugung mit Schriftstellen wie:

- „Denn eine Wurzel alles Bösen ist die Geldliebe." (1 Timotheus 6,10)

- „Der Wandel sei ohne Geldliebe; begnügt euch mit dem, was vorhanden ist." (Hebräer 13,5)

- „Sammelt euch nicht Schätze auf der Erde…sammelt euch aber Schätze im Himmel…denn wo dein Schatz ist, da wird auch dein Herz sein." (Matthäus 6,19-21)

- „Niemand kann zwei Herren dienen; denn entweder wird er den einen hassen und den anderen lieben, oder er wird einem anhängen und den anderen verachten. Ihr könnt nicht Gott dienen und dem Mammon." (Matthäus 6,24)

- „Wenn wir aber Nahrung und Kleidung haben, so wollen wir uns daran genügen lassen." (1 Timotheus 6,8)

Einige andere Schriftstellen, auf die sie sich stützten, sind am Ende dieses Kapitels angeführt.

Die Gefahren des Wohlstands

In Anwendung einiger der oben zitierten Verse schrieb Hermas: „Das sind solche, die zwar den Glauben haben, zugleich aber auch den Reichtum dieser Welt; wenn die Trübsal kommt, dann verleugnen sie ihren Herrn wegen ihres Reichtums und wegen ihrer Geschäfte. ... So können auch die Reichen in dieser Welt nur dadurch für den Herrn brauchbar werden, dass ihnen der Reichtum beschnitten wird. Erkenne dies zuerst an dir selbst; solange du reich warst, warst du nicht zu brauchen, jetzt aber bist du sehr brauchbar und nützlich für das Leben."[115] Deshalb riet er: „Von den vielen Geschäften halte dich fern, und du wirst nicht sündigen. Denn wer sich mit vielem abgibt, sündigt auch viel, da er ganz aufgeht in seinen Geschäften und seinem Herrn nicht dient."[116]

Clemens warnte, dass „doch der Überfluss für sich allein hinreicht, den Sinn der Besitzenden aufzublähen und zu verderben

---

[115] Hirt des Hermas, 1. Buch, 3. Gesicht, Kapitel 6 (Text nach BKV)
[116] Hirt des Hermas, 3. Buch, 4. Gleichnis (Text nach BKV)

und von dem Wege, auf dem man zum Heil gelangen kann, abwendig zu machen". Er beschrieb Wohlstand als „eine schwere Last, eine noch weit schwerere Bürde, den Stolz, während sie doch vielmehr jene Last vermindern und beschränken und wie eine gefährliche und todbringende Krankheit behandeln sollten."[117]

Cyprian, ein wohlhabender Mann, der alle seine Güter den Armen gegeben hatte, nachdem er Christ geworden war, ermahnte die Mitglieder seiner Gemeinde mit folgenden Worten: „Viele hat die blinde Liebe zu ihrem Mammon verführt, und allerdings konnten solche unmöglich dazu bereit und gerüstet sein, zu entweichen (= in der Vorfolgung zu sterben), die von ihren Schätzen wie von Fesseln festgehalten wurden. ... Und deshalb sagt der Herr, der Lehrer alles Guten, indem er für die Zukunft im Voraus mahnt: „Willst du vollkommen sein, so verkaufe all das Deinige und gib es den Armen, und du wirst einen Schatz im Himmel haben; und komm und folge mir!" (Matthäus 19,21) Täten dies die Reichen, so gingen sie nicht durch ihren Reichtum zugrunde. ... Im Himmel weilte dann ihr Herz, Sinn und Gefühl, wenn sie ihren Schatz im Himmel hätten, und der Welt könnte der nicht unterliegen, der in der Welt nichts hätte, was ihn zu besiegen vermachte. Frei und ledig könnte er dem Herrn folgen, wie es die Apostel ... getan haben. ... Wie können aber solche Leute Christus folgen, die durch die Fesseln ihres Vermögens festgehalten sind? ... Sie bilden sich ein, zu besitzen und sind doch vielmehr selbst fremder Besitz, die Sklaven ihres

---

[117] Clemens von Alexandria, Welcher Reiche wird gerettet werden?, Kp 1 (Text nach BKV)

Vermögens; und nicht etwa Herren über das Geld sind sie, sondern vielmehr die Leibeigenen ihres Mammons."[118]

Ausgehend von Jesu Aussage über den breiten und den schmalen Weg, warnte Laktanz vor jenen, die Wohlstand und Reichtum versprachen:

„Satan, der falsche Religionen erfunden hat, kehrt Menschen vom himmlischen Pfad ab und leitet sie auf den Weg des Untergangs. Dieser Weg scheint eben und geräumig und entzückend mit aller Art Blumen und Früchte. Denn Satan stellt auf diesen Weg alle Dinge, die auf Erden als gute Dinge gelten – Reichtum, Ehre, Muße, Vergnügen und alle Art Verlockungen. Aber unter diesen versteckt sind auch Ungerechtigkeit, Grausamkeit, Stolz, Wollust, Streit, Unwissenheit, Falschheit, Torheit und andere Laster. Aber das Ende dieses Weges ist wie folgt: Wenn sie den Punkt erreichen, wo sie nicht mehr zurück können, werden der Weg sowie seine Schönheit weggenommen. Es kommt so plötzlich, dass niemand die Täuschung vorauszuahnen vermag, bis er kopfüber in einen tiefen Abgrund fällt…

Im Gegensatz dazu erscheint der himmlische Pfad schwierig und gebirgig zu sein, mit schmerzhaften Dornen und spitzen Steinen übersät. Deshalb müssen alle mit größter Sorgfalt wandeln und Vorsorge treffen, dass sie nicht fallen. Entlang dieser Straße stellte Gott Gerechtigkeit, Selbstverleugnung, Geduld, Glauben, Enthaltsamkeit, Selbstkontrolle, Frieden, Wissen, Wahrheit, Weisheit und andere Tugenden. Aber mit diesen gehen Armut, Niedrigkeit, Arbeit, Schmerz und Mühen aller Art. Denn wer

---

[118] Cyprian, Über die Gefallenen, Kp 11+12 (Text nach BKV)

seine Hoffnung über das gegenwärtige Leben hinaus gerichtet und Besseres erwählt hat, wird diese irdischen Güter entbehren. Weil er leicht bepackt und frei von Hindernissen ist, kann er die Mühen des Weges überwinden. Denn es ist für den Menschen unmöglich, der sich mit herrlichem Prunk umgeben oder mit Reichtum beladen hat, diesen Weg zu betreten oder angesichts dieser Mühen auszuharren (Matthäus 7,13-14; 19,23-24)."[119]

Aber die frühen Christen *sprachen* nicht nur von Armut, die Mehrheit unter ihnen *war* arm. Und die Römer lachten sie deswegen aus. Zum Beispiel hänselte ein Römer die Christen: „Seht nur! Ein Teil von euch, und zwar der größere und eurer Meinung nach der bessere, leidet Not und friert, hungert und plagt sich ab. Euer Gott duldet das."[120] Indem er die Wahrheit dieses Vorwurfes zugab, antwortete der christliche Anwalt Marcus Felix: „Wenn wir übrigens zum großen Teil für arm gelten, so ist das keine Schande, sondern ein Ruhm für uns. Wohlleben schwächt den Geist, Mäßigkeit kräftigt ihn. Doch wie kann arm sein, wer keine Bedürfnisse fühlt, wer nicht nach fremdem Gut begehrt, wer reich ist in den Augen Gottes? Weit mehr ist der arm, welcher immer noch mehr begehrt, wiewohl er schon viel hat."[121]

Die antimaterialistische Botschaft der Christen war den Römern so fremd, dass sie sich über das Christentum lustig machten. Der römische Kritiker Celsus fragte die Christen: „Wie konnte denn jener Gott durch Moses anordnen, (die Juden) sollten reich sein und herrschen und die Erde erfüllen und ihre Feinde Mann für

---

[119] Laktanz, Institutiones, 6. Buch, Kp 4 (aus dem Englischen übersetzt)

[120] Marcus Minucius Felix, Octavius, Kp 12 (Text nach BKV)

[121] Marcus Minucius Felix, Octavius, Kp 36 (Text nach BKV)

Mann hinmorden … Sein Sohn aber freilich, ‚der Nazoräische Mensch', ordnet im Gegensatz dazu an, dass, wer reich oder herrschsüchtig sei oder auf Weisheit oder Ruhm Anspruch erhebe gar keinen Zutritt zum Vater haben solle; man dürfe an Speisen und an seine Vorratskammer ebensowenig denken wie ‚die Raben', und an seine Kleidung noch weniger als ‚die Lilien'."[122]

Jemand mag einwerfen, dass diese Christen nur deshalb in Armut lebten, weil sie Gottes Wohlstand zurückwiesen und ihren Reichtum verschenkten. Aber wie kann ein Mensch mehr geben als Gott? Wenn Wohlstand von Gott ist, kann ein Christ ihn nicht verlieren, indem er Gottes Wort gehorcht und seinen Reichtum mit den Armen teilt.

Welch ein Kontrast zwischen ihrer Botschaft und der heutigen Botschaft!

Vergleichen Sie einmal die Lehren der frühen Christen mit dem, was heute in so vielen Kirchen gelehrt wird. Zum Beispiel behauptet Kenneth Hagin, ein bekannter christlicher Prediger und Autor des heutigen Amerikas, dass er die folgende Unterhaltung mit Gott gehabt habe:

„Der Herr fuhr fort: ‚Sag: "Satan, nimm deine Hände von meinem Geld!" – weil es Satan ist, der das Geld daran hindert, zu dir zu kommen, nicht Ich. Nimm es in Anspruch, weil es dort unten auf der Erde ist, und Satan hat das meiste davon unter Kon-

---

[122] Origenes, Gegen Celsus, 7. Buch, Kp 18 (Text nach BKV)

trolle, weil er der Gott dieser Welt ist. Sag: „Ich nehme in Anspruch..." und nenne was auch immer du willst oder brauchst.'

Die Menschen werden einwerfen: ‚Nun, ich kann glauben, dass Gott uns geben wird, was wir *brauchen*, aber das ist wirklich übertrieben, wenn du es jetzt von dem sagst, was wir nur *wollen*!' Genau das habe ich dem Herrn auch gesagt. ‚Nun, Herr, ich kann glauben, dass du gibst, was wir *brauchen* – aber was wir nur *wollen*?'

Er erwiderte: ‚Du willst dich immer so eng ans Wort halten. Im 23. Psalm, den du so gerne zitierst, heißt es: „Der HERR ist mein Hirte, mir wird nichts MANGELN." Im 34. Psalm steht: „Junglöwen darben und hungern, aber die den HERRN suchen, ENTBEHREN KEIN GUT" (Vers 11).'

Erhebe Anspruch auf das, was du brauchst oder willst. Sag: ‚Satan, nimm deine Hände von meinen Finanzen.' Dann sag: ‚Geht, dienende Geiste, und lasst das Geld kommen.'"[123]

Aber in den ersten Jahrhunderten waren es die *Irrlehrer*, nicht die Kirche, die eine Wohlstandstheologie verbreiteten. Beispielsweise lehrte und lebte einer der berüchtigtsten Irrlehrer des dritten Jahrhunderts, Paul von Samosata, eine Wohlstandsbotschaft. Eine Gruppe Ältester, die zu seiner Zeit lebten, beschrieb ihn folgendermaßen: „Er, der früher arm und unbemittelt war und weder von den Vätern ein Vermögen ererbt noch sich durch ein Handwerk oder irgendwelche Beschäftigung etwas erworben, nunmehr zu übermäßigem Reichtum gelangt ist durch gesetzwidrige Taten und Kirchenraub ... ja er hat (seine Gefolgsleute)

---

[123] Kenneth Hagin, How God Taught Me About Prosperity, Tulsa: RHEMA Bible Church, 1985, S 17-19 (aus dem Englischen übersetzt)

sogar bereichert, weswegen er von ihnen, die von gleichem Verlangen beseelt sind, geliebt und bewundert wird."¹²⁴

Erfreuten sich Christen besserer Gesundheit?

Was das „Gesundheitsevangelium" betrifft, zeigen sowohl die weltlichen als auch die christlichen Aufzeichnungen, dass die frühen Christen sich keiner besseren Gesundheit erfreuten als die Welt um sie herum. Briefe, die von frühen Christen geschrieben wurden, bezeugen die Tatsache, dass die Christen unter denselben Seuchen und Katastrophen litten wie der Rest der Menschheit.

Die frühen Christen glaubten an göttliche Heilung, aber ihre Zeugnisse über Heilungswunder deuten darauf hin, dass solche Wunder hauptsächlich den Ungläubigen zum Zeichen dienten. Sie waren nicht etwas, was Christen im Normalfall als einen versprochenen Segen empfingen.

Cyprian erläutert die Tatsache, dass einige Christen enttäuscht waren, als sie von einer gravierenden Seuche heimgesucht wurden: „Aber freilich, manche stoßen sich daran, dass die Macht der jetzt wütenden Krankheit ebenso wie die Heiden auch die Unsrigen ergreift: gerade als ob der Christ nur deshalb gläubig geworden wäre, um, von der Berührung der Übel verschont, in Glück die Welt und das zeitliche Leben zu genießen, und nicht vielmehr deshalb, um für die künftige Freude aufbewahrt zu werden, nachdem er hier alles Widrige erduldet hat. ... Solange wir hier in der Welt weilen, sind wir mit dem ganzen Menschen-

---

[124] Eusebius, Kirchengeschichte, 7. Buch, Kp 30 (Text nach BKV)

geschlecht durch die Gleichheit des Fleisches (und den damit verbundenen Leiden) verbunden und nur dem Geiste nach getrennt. ... So bleibt ja auch, wenn bei Misswachs der Boden eine nur magere Ernte liefert, keiner vom Hunger verschont; so trifft, wenn eine Stadt bei einem feindlichen Einfall besetzt worden ist, das Los der Knechtschaft alle zugleich; und wenn ein heiterer Himmel den Regen fernhält, dann haben alle unter der gleichen Trockenheit zu leiden; ... Und so haben wir auch die Augenschmerzen, die Fieberanfälle und die allgemeine Gliederschwäche mit den anderen gemeinsam."[125]

Das frühe Christentum war keine Religion, die materiellen Wohlstand und eine bessere Gesundheit für *dieses* Leben versprach. Dennoch glaubten die frühen Christen ganz sicher an die Macht Gottes. Wie frühere Kapitel gezeigt haben, übertraf ihr Glaube an die Macht und den Schutz Gottes das Vertrauen der meisten heutigen Christen.

Jedenfalls geht der Widerspruch zwischen ihren und unseren Überzeugungen weit über das Wohlstandsthema hinaus. Genauso groß ist der Zwiespalt bei mehreren Fragen der Moral, mit denen sich die heutige Kirche befassen muss.

Weitere Stellen über materiellen Wohlstand:

Lukas 18,22

Eins fehlt dir noch: verkaufe alles, was du hast, und verteile es an die Armen, und du wirst einen Schatz in den Himmeln haben, und komm, folge mir nach!

---

[125] Cyprian, Über die Sterblichkeit, Kp 8 (Text nach BKV)

Lukas 18,25

Denn es ist leichter, dass ein Kamel durch ein Nadelöhr eingeht, als dass ein Reicher in das Reich Gottes kommt.

1 Johannes 2,16

Denn alles, was in der Welt ist, die Lust des Fleisches und die Lust der Augen und der Hochmut des Lebens, ist nicht vom Vater, sondern ist von der Welt.

Jakobus 5,1-3

Wohlan nun, ihr Reichen, weint und heult über eure Drangsale, die über euch kommen! Euer Reichtum ist verfault, und eure Kleider sind von Motten zerfressen worden. Euer Gold und Silber ist verrostet, und ihr Rost wird zum Zeugnis sein gegen euch und euer Fleisch fressen wie Feuer; ihr habt Schätze gesammelt in den letzten Tagen.

1 Timotheus 3,2-3

Der Aufseher nun muss untadelig sein…nicht geldliebend.

1 Timotheus 6,17

Den Reichen in dem gegenwärtigen Zeitlauf gebiete, nicht hochmütig zu sein, noch auf die Ungewissheit des Reichtums Hoffnung zu setzen.

10. Sind die Moralvorstellungen des Alten Testamentes noch gut genug?

Sind die moralischen Prinzipien des Neuen Testaments eigentlich anders als die des Alten Testaments? John Calvin, Reformator und Theologe im 16. Jahrhundert, lehrte mit Nachdruck, dass sie es *nicht* sind. In einer seiner Schriften gegen die Wiedertäufer schrieb er: „Die einzige List, die diesen Feinden aller Ordnung geblieben ist, ist die Behauptung dass unser Herr in der Christlichen Kirche eine größere Vollkommenheit erwarte als vom Jüdischen Volk. Das ist zwar richtig im Bezug auf die Zeremonien, aber dass es ein anderes Gesetz des Lebens als das Moralgesetz – wie man es nennt – welches das Alte Volk hatte, gäbe, ist eine falsche Meinung. ... Darum lasst uns diesen Standpunkt vertreten ... Dafür, um als treuer Mensch mit gutem Gewissen zu leben und vor Gott vollkommen zu sein sowohl im Beruf und in all seinen Werken, gibt es im Gesetz des Moses eine schlichte und vollständige Richtschnur, an die wir uns in schlichter Weise halten müssen, wenn wir dem rechten Weg folgen wollen. Darum überschreitet jeder die Grenzen, der dazu hinzufügt oder davon etwas wegnimmt. Deshalb ist unser Standpunkt gewiss und unfehlbar."[126]

Obwohl viele von uns vielleicht nicht so dogmatisch wie Calvin wären, stehen die Evangelikalen heute im Allgemeinen hinter seiner Sicht, dass es mit Ausnahme der Speise- und Zeremonienvorschriften nur wenig oder keinen Unterschied zwischen den

---

[126] Johannes Calvin, Treatises against the Anabaptists and against the Libertines, USA/Grand Rapids: Baker House 1982, S 77-78 (aus dem Englischen übersetzt)

moralischen Richtlinien des Alten und des Neuen Testaments gibt. Tatsächlich zitieren wir häufig das Alte Testament, um unsere Sicht der Prinzipien eines christlichen Lebensstils zu untermauern.

Trotzdem war die Überzeugung der frühen Christen, dass die moralischen Lehren Christi jene des Alten Testaments *übertrafen*. Die Kirche glaubte nicht, dass Gott selbst sich verändert hatte, sondern nur dass die Lehre Christi zum Kernpunkt des Gesetzes führte und seine wahre geistliche Bedeutung hervorbrachte. Des Weiteren glaubten sie, dass die Gebote des Alten Testaments für ein irdisches Königreich gemacht waren, die Lehren des Neuen Testaments jedoch für die Bürger eines himmlischen Reiches. Folglich wandten sie die moralischen Lehren Jesu recht wörtlich an – was zu einigen Einstellungen und Praktiken führte, die ziemlich von den unseren abweichen.

Die vorangegangenen Kapitel haben gezeigt, wie sie sorgfältig den neutestamentlichen Lehren folgten, so zum Beispiel in Sachen Scheidung, Wohlstand und Gerichtsverhandlungen. Hier folgen einige weitere Beispiele:

Was meinte Jesus, als er sagte: „Du sollst nicht schwören"?

In der Bergpredigt lehrte Jesus: „Wiederum habt ihr gehört, dass zu den Alten gesagt ist: Du sollst nicht falsch schwören, du sollst aber dem Herrn deine Eide erfüllen. Ich aber sage euch: Schwört überhaupt nicht" (Matthäus 5,33.34). Jakobus schrieb ähnlich:

„Vor allem aber, meine Brüder, schwört nicht, weder bei dem Himmel noch bei der Erde noch mit irgendeinem anderen Eid; es sei aber euer ja ein Ja und euer nein ein Nein, damit ihr nicht unter ein Gericht fallt" (Jakobus 5,12). Bevor ich die frühchristlichen Schriften gelesen hatte, war mir bekannt, dass einige christliche Konfessionen Jesu Aussage wörtlich nehmen und sich weigern, Eide zu leisten. Ich hatte immer gemeint, diese Glaubensrichtungen nähmen Jesu Aussage zu wörtlich, und ich erwartete, in den frühchristlichen Schriften Bestätigung für meine Ansicht zu finden.

Stattdessen aber fand ich darin, dass die frühen Christen es ohne Ausnahme ablehnten, Eide zu schwören. Wie Clemens anmerkte: „Wie könnte aber der, der ein für allemal zuverlässig ist, sich als unzuverlässig erweisen, so dass er einen Eidschwur nötig hätte? ... Er wird aber überhaupt nicht schwören, sondern es vorziehen, bei der Bejahung nur das Wörtchen ‚ja', bei der Verneinung das Wörtchen ‚nein' hinzuzufügen."[127] Tertullian erklärte den Römern, „Vom Meineide schweige ich lieber, da zu schwören überhaupt nicht einmal erlaubt ist."[128] Origenes, Cyprian und Eusebius belegen ebenso, dass dies die standardmäßige Haltung der frühen Christen zum Schwören war.[129]

---

[127] Clemens von Alexandrien, Stromateis (Teppiche), 7. Buch, Kp 8, Abschnitt 50 (Text nach BKV)

[128] Tertullian, Über den Götzendienst, Kp 11 (Text nach BKV)

[129] „Dann gibt es auch im Evangelium viele Vorschriften, bei denen gar keine Frage ist, ob sie nach dem Buchstaben beobachtet werden sollen, oder nicht. Z. B. diese ... ich sage euch, dass ihr überhaupt nicht schwören sollt." Origenes, Über die Grundlehren der Glaubenswissenschaft, 4. Buch, 2. Absch, Kp 12 (Text nach BKV); siehe auch: Cyprian, Über die Sterblichkeit, Kp 4 und Euesbius, Kirchengeschichte, 6. Buch, Kap 5

Ist Krieg moralisch falsch?

Bevor ich begann, in den frühchristlichen Schriften zu studieren, hatte ich in Büchern über Kirchengeschichte gelesen, dass die frühen Christen in der Regel den Wehrdienst verweigerten. In jenen Büchern hieß es, dass die frühen Christen nicht gegen das Blutvergießen an sich waren; vielmehr verweigerten sie militärische Dienste, um nicht an abgöttischen Praktiken beteiligt zu sein. Aber das stimmt nicht. In ihren Schriften stellten die frühen Christen deutlich klar, dass sie gegen Krieg waren, weil sie wortwörtlich Jesu Geboten folgten, ihre „Feinde zu lieben" und „die andere Wange hinzuhalten". Für sie war Krieg *moralisch falsch*.

Justinus der Märtyrer schrieb in seiner Verteidigungsschrift an die Römer: „Wir, die wir einst einander mordeten, enthalten uns jetzt ... jeder Feindseligkeit gegen unsere Gegner."[130]

Tertullian warf die folgende Frage bezüglich des Krieges auf: „Wird es erlaubt sein, mit dem Schwerte zu hantieren, da der Herr den Ausspruch tut, ,wer sich des Schwertes bedient, werde durch das Schwert umkommen'? Soll der Sohn des Friedens in der Schlacht mitwirken, er, für den sich nicht einmal das Prozessieren geziemt? Wird er Bande, Kerker, Foltern und Todesstrafen zum Vollzug bringen, er, der nicht einmal die ihm selber zugefügten Beleidigungen rächt?"[131] (Matthäus 26,52; 1. Korinther 6,1-8).

Als die Heiden ein Gerücht in Umlauf brachten, dass das Christentum eine Sekte sei, die durch eine bewaffnete Revolte vom

---

[130] Justinus der Märtyrer, 1. Apologie, Kp 39 (Text nach BKV)
[131] Tertullian, Vom Kranz des Soldaten, Kap 11 (Text nach BKV)

Judentum abgebrochen sei, beantwortete Origenes diese falsche Anklage mit folgenden Worten: „[Würde es stimmen, dass die Christen aus einer Revolte hervorgingen] so würde der Gesetzgeber der Christen die Tötung eines Menschen nicht schlechthin verbieten und lehren, das gewaltsame Vorgehen seiner Jünger gegen einen Menschen, wenn dieser auch der größte Bösewicht wäre, sei niemals gerecht. Er glaubte nämlich nicht, dass es mit seiner göttlichen Gesetzgebung vereinbar sei, wenn er die Tötung eines Menschen in irgendeiner Art zuließe. Und andererseits würden die Christen, wenn sie einer ‚Empörung' ihren Ursprung verdankten, niemals so milde Gesetze angenommen haben, die es ihnen zur Pflicht machten, sich ‚wie Schafe hinschlachten zu lassen' [Was jedoch genau der Punkt sei, so Origenes]."[132]

Cyprian machte folgende Beobachtung bezüglich des Krieges: „Es trieft die ganze Erde von gegenseitigem Blutvergießen; und begeht der einzelne einen Mord, so ist es ein Verbrechen; Tapferkeit aber nennt man es, wenn das Morden im Namen des Staates geschieht. Nicht Unschuld ist der Grund, der dem Frevel Straflosigkeit sichert, sondern die Größe der Grausamkeit."[133]

Arnobius, ein Apologet, der im dritten Jahrhundert lebte, erklärte den Römern die christliche Haltung auf diese Weise: „Da wir, eine so mächtige Menge, durch seinen Unterricht und seine Gebote gelehrt wurden, nicht Böses mit Bösem zu vergelten; sondern es sei besser Unrecht zu erleiden als anzutun, sein eigenes Blut zu vergießen als mit dem eines Anderen Hand und Gewissen zu beflecken; so genießt sogleich der undankbare Erd-

---

[132] Origenes, Gegen Celsus, 3. Buch, Kp 7 (Text nach BKV)
[133] Cyprian, An Donatus, 6. Kapitel (Text nach BKV)

kreis eine Wohltat von Christus, der die wilde Wut besänftigte und die feindlichen Hände vom Blut verwandter Geschöpfe abzuhalten begann."[134]

In einer Zeit, in der militärischer Kampfesmut als die größte der Tugenden angesehen wurde, standen die frühen Christen mit ihrer Ansicht alleine da, dass Krieg nichts anderes als Mord in größerem Ausmaß ist. Wie ironisch wirkt es dann, dass evangelikale Christen in den USA nicht nur Krieg dulden, sondern im Allgemeinen militaristischer gesinnt sind als andere Teile der Gesellschaft. Wir werden in der Welt oft als „Kriegstreiber" betitelt. Tatsächlich weiß ich von keinem Krieg in der ganzen Geschichte der Vereinigten Staaten, gegen den sich eine beträchtliche Anzahl evangelikaler Christen ausgesprochen hat.

Als 1980 die Iran-Krise ausbrach, war ich Jurastudent an der Baylor-Universität, einer Hochschule der südstaatlichen Baptisten. Am Tag nachdem mehrere Amerikaner an der U.S.-Botschaft in Teheran als Geiseln in Gefangenschaft geraten waren, sah ich einige Studenten aus dem mittleren Osten in der Hochschulcafeteria. Ich weiß nicht, welcher Nationalität sie angehörten; aber mit großer Wahrscheinlichkeit waren sie nicht einmal Iraner. Trotzdem, als mehrere amerikanische Studenten an ihrem Tisch vorbeigingen, traten diese als Drohgebärde absichtlich gegen deren Tisch. In der Cafeteria und auf den Gängen vernahm ich vehemente Diskussionen darüber, wie die USA ihre Armeen gegen den Iran schicken und „diese Wüstenneger in den Boden

---

[134] Arnobius, Gegen die Heiden, 1. Buch, Kp 6 (Text nach BKV – sprachlich leicht adaptiert)

143

stampfen" sollten. Wie traurig, dass Christen genauso reagierten wie die Welt, als es einmal wirklich darauf ankam.

Aber trägt ein Christ nicht Verantwortung für sein Land?

„Sollte ein Christ nicht helfen, sein Land zu verteidigen?" könnte man fragen. Die frühen Christen hätten geantwortet: „Ja – aber ganz anders, als die Welt es tut." Die Römer klagten die frühen Christen in genau dieser Sache an, und die Christen antworteten:

„Im folgenden ermahnt uns Celsus: ‚Wir sollten dem Kaiser beistehen mit aller Kraft, mit ihm für das uns abmühen, was recht ist, für ihn kämpfen und, wenn die Not es forderte, mit ihm ins Feld rücken und mit ihm seine Truppen anführen'. Darauf haben wir zu sagen, dass wir zu rechter Zeit den Herrschern ‚beistehen', und zwar sozusagen mit göttlicher Hilfe, da wir ‚die Waffenrüstung Gottes' anlegen. Und dies tun wir, gehorsam dem Apostelwort, das so lautet: ‚Ich ermahne euch nun zuerst, zu vollziehen Bitten, Gebete, Fürbitten, Danksagungen für alle Menschen, für Könige und für alle Obrigkeiten.' Und je frömmer jemand ist, um so mehr richtet er durch seine den Herrschern geleistete Hilfe aus, auch mehr als die Soldaten, die zur Feldschlacht ausziehen und so viele von den Feinden vernichten, als sie imstande sind.

Ferner könnten wir den Gegnern unseres Glaubens, die von uns verlangen, dass wir die Waffen für das allgemeine Beste tragen und Feinde niedermachen sollen, auch diese Antwort geben: Eure eigenen Priester, die für gewisse Götterbilder zu sorgen haben, und die Tempeldiener derjenigen, die ihr für Götter haltet, dürfen der Opfer wegen ihre Rechte nicht beflecken, damit sie mit reinen

Händen, an denen kein Menschenblut haftet, euren Göttern die herkömmlichen Opfer darbringen können; und wenn ein Krieg ausbricht, so macht ihr doch wohl nicht auch die Priester zu Soldaten. Wenn dies nun mit gutem Grunde geschieht, um wieviel mehr wird es dann vernünftig sein, dass die Christen, während die andern zu Felde ziehen, als Priester und Diener Gottes an dem Feldzuge teilnehmen, indem sie ihre Hände rein bewahren und mit ihren an Gott gerichteten Gebeten für die gerechte Sache und deren Verteidiger und für den rechtmäßigen Herrscher kämpfen, damit alles vernichtet werde, was sich der guten Sache und ihren Verteidigern feindlich widersetzt! Wir vernichten aber mit unseren Gebeten auch alle Dämonen, welche die kriegerischen Unternehmungen anstiften und Eide brechen und den Frieden stören, und helfen dadurch den Herrschern mehr als die Personen, welche äußerlich zu Felde ziehen. ‚Wir mühen uns' aber für die gemeinsamen Angelegenheiten ‚ab', indem wir unsere Gebete, die wir nach Schuldigkeit Gott darbringen, mit Übungen und Betrachtungen verbinden, die uns lehren, die Vergnügungen zu verachten und uns von ihnen nicht fortreißen zu lassen. ‚Wir kämpfen' sogar mehr ‚für den Kaiser'; und wenn wir auch nicht ‚mit ihm ins Feld rücken', ‚sobald die Not es fordert', so ziehen wir doch für ihn zu Felde, indem wir ein besonderes Kriegsheer der Frömmigkeit durch die an die Gottheit gerichteten Fürbitten zusammenbringen."[135]

Wir neigen vielleicht dazu, ihre Sichtweise als unrealistisch zu empfinden; die frühen Christen nannten es *Vertrauen*. Wer hat Recht? Die Geschichte würde darauf hindeuten, dass diese Chris-

---

[135] Origenes, Gegen Celsus, 8. Buch, Kp 73 (Text nach BKV)

ten nicht so naiv waren, wie sie uns erscheinen mögen. In der Zeit von der Geburt Christi bis zum Beginn des dritten Jahrhunderts erfuhr das Römische Reich nicht eine einzige erfolgreiche Invasion gegen seine Grenzen. Die Historiker nennen dies die Pax Romana (Römischer Frieden) und sehen es als eine ziemlich ungewöhnliche Periode in der Geschichte westlicher Zivilisation an. 200 Jahre lang genoss die Mittelmeerwelt Frieden, etwas, was sie vor der Pax Romana nicht hatte und auch danach nicht mehr erlebte. Natürlich würde kein weltlicher Historiker diesen Frieden der Gegenwart und den Gebeten der Christen zuschreiben, aber die frühen Christen glaubten fest, dass er eine Folge göttlichen Eingreifens war.

Beispielsweise fragte Origenes die Römer: „Wie hätte da diese friedliche Lehre, die nicht einmal gestattet, an seinen Feinden Vergeltung zu üben, durchdringen können, wenn nicht bei der Ankunft Jesu die weltlichen Verhältnisse überall eine ruhigere Gestaltung erhalten hätten?"[136]

Im Gegensatz dazu, als christliche Lehrer nach der Zeit Konstantins die Lehre vom „Heiligen Krieg" zu verbreiten begannen und Christen die Römer im Kampf mit dem Schwert unterstützten, brach das Römische Reich innerhalb weniger Jahrzehnte zusammen. Zerbrach das Römische Reich deshalb, weil die Kirche ihre Position zum Krieg geändert hatte? Kein Mensch kann diese Frage mit Sicherheit beantworten. Aber es ist zumindest ein sehr bemerkenswertes Zusammentreffen von Tatsachen, dass Rom blühte und vor seinen Feinden in Sicherheit war, solange die Christen als eine „spezielle Armee der Gerechtigkeit"

---

[136] Origenes, Gegen Celsus, 2. Buch, Kp 30 (Text nach BKV)

dienten und den Reichsschutz alleine Gott anvertrauten – und dass das Reich zerfiel, sobald Christen begannen, physischen Krieg auf der Seite Roms zu führen.

Kann ein Christ im Militär sein?

Im Einklang mit ihrer Haltung, auch in anderen Lebensbereichen Gerechtigkeit nicht durch Regeln herbei zu zwingen, stellte die frühe Kirche auch keine Regel auf, dass Christen nicht in der Armee dienen könnten. Die Bibel gebot lediglich, dass ein Christ seine Feinde lieben und Böses nicht mit Bösem vergelten sollte. Weder Jesus noch die Apostel verbaten den Christen jemals ausdrücklich, im Militär zu dienen. Da das Römische Reich während der frühchristlichen Ära Frieden hatte, war es für einen Christen durchaus möglich, sein ganzes Leben in der Armee zu verbringen, ohne jemals Blut vergießen zu müssen. Tatsächlich dienten die Soldaten zu jener Zeit in ähnlichem Umfange wie heutige Polizisten. Allgemein gesprochen gestattete es die Kirche einem Christen nicht, *nach* seiner Bekehrung der Armee beizutreten. Wenn ein Mann aber bereits Soldat war, als er Christ wurde, forderte die Kirche jedoch nicht von ihm, aus der Armee auszutreten. Er musste nur versprechen, dass er nie das Schwert gegen jemanden gebrauchen würde. Ein Grund für diese Flexibilität war, dass die Römer einem Soldaten normalerweise nicht erlaubten, die Armee zu verlassen, bis er seine Dienstzeit vollendet hatte.[137]

---

[137] Vgl. Tertullian, Apologetikum, Kp 5+42; Eusebius, Kirchengeschichte, 6. Buch, Kp 5 und 7. Buch, Kp 11

Wie sollte ein Christ über die Todesstrafe denken?

Gott forderte die Todesstrafe in den Gesetzen, die er den Israeliten gab. Aus diesem Grund war ich stets ein starker Befürworter der Todesstrafe, und ich ging davon aus, dass die frühen Christen es auch waren. Daher war ich ziemlich überrascht zu erkennen, dass die frühen Christen über die Todesstrafe sehr ähnlich dachten wie über den Krieg.

Obwohl sich nur wenige Schreiber mit diesem Thema befassten, drückte jeder von ihnen dieselbe Ansicht aus: ein Christ sollte weder einen Kriminellen töten, noch bei öffentlichen Hinrichtungen zuschauen, ja nicht einmal eine Anklage gegen einen Mitmenschen erheben, auf die die Todesstrafe stünde. Kurz, die frühen Christen verabscheuten aufs Ärgste das Auslöschen eines Menschenlebens, sei es durch Krieg, Hinrichtung oder Abtreibung.

Zum Beispiel schrieb Laktanz: „Wenn Gott uns verbietet zu töten, dann verbietet er nicht bloß die Gewalt, die durch öffentliche Gesetze verurteilt ist, sondern auch die Gewalt, die von Menschen als gesetzmäßig betrachtet wird. Es ist also nicht gesetzmäßig, dass ein gerechter Mann an Kriegshandlungen beteiligt ist, weil seine Kriegshandlung ein Gericht vollstreckt. Noch ist es [gesetzmäßig], jemand eines Vergehens anzuklagen, auf das die Todesstrafe steht. Es macht keinen Unterschied, ob man einen Menschen durch das Wort oder durch das Schwert tötet. Es ist der Akt des Tötens an sich, der verboten ist. Folglich sollte es im Hinblick auf dieses Prinzip Gottes überhaupt keine Ausnahme geben. Es ist im Gegenteil immer ungesetzmäßig, einen Menschen zu töten, den Gott dazu bestimmte, eine heilige Kreatur zu sein."[138]

Dennoch maßten sich die frühen Christen nicht an, der weltlichen Regierung vorzuschreiben, was sie bei der Bestrafung Krimineller tun oder nicht tun durfte. Die frühen Christen erkannten an, dass Gott einer weltlichen Regierung erlaubte, das Schwert einzusetzen, „denn sie ist Gottes Dienerin, eine Rächerin zur Strafe für den, der Böses tut" (Römer 13,4). Trotzdem glaubten die frühen Christen, dass sie in keiner Weise persönlich an einer Hinrichtung Krimineller teilnehmen durften.

Wer sind also die wahren Irrlehrer?

Einmal mehr zeigten sich die frühen Christen als Bürger eines himmlischen Reiches und Menschen einer anderen Kultur. Und einmal mehr erkennen wir, dass die heutige evangelikale Christenheit weit entfernt von der frühen Christenheit ist. Wie ich bereits erwähnte, sind die Lehren, die ich in diesem und den vorangehenden vier Kapiteln beschrieb, nur einige Beispiele frühchristlicher Glaubenshaltungen, die radikal von unseren evangelikalen Lehren abweichen. Es gibt viele, viele weitere Beispiele, die ich nennen könnte. Wir bezeichnen viele der Lehren, die sie hatten, als Irrlehren. Sie bezeichneten vieles, was wir vertreten, als Irrlehren. Wer sind die wahren Irrlehrer?

---

[138] Laktanz, Institutiones, 6. Buch, Kp 20 (aus dem Englischen übersetzt)

Weitere Schriftstellen, die sie über Krieg zitierten, waren:

Matthäus 26,52

Denn alle, die das Schwert nehmen, werden durchs Schwert umkommen.

Johannes 18,36

Mein Reich ist nicht von dieser Welt; wenn mein Reich von dieser Welt wäre, so hätten meine Diener gekämpft, damit ich den Juden nicht überliefert würde, jetzt aber ist mein Reich nicht von hier.

2. Korinther 10,3-4

Denn obwohl wir im Fleisch wandeln, kämpfen wir nicht nach dem Fleisch; denn die Waffen unseres Kampfes sind nicht fleischlich.

Epheser 6,12-13

Denn unser Kampf ist nicht gegen Fleisch und Blut, sondern gegen die Gewalten, gegen die Mächte...Deshalb ergreift die ganze Waffenrüstung Gottes.

Römer 12,14;17-19;21

Segnet, die euch verfolgen; segnet, und fluchet nicht....Vergeltet niemand Böses mit Bösem....Wenn möglich, so viel an euch ist, lebt mit allen Menschen in Frieden. Rächt euch nicht selbst, Geliebte, sondern gebt Raum dem Zorn....Lass dich nicht vom Bösen überwinden, sondern überwinde das Böse mit dem Guten.

1. Korinther 4,12

Geschmäht, segnen wir; verfolgt, dulden wir.

11. Wer versteht die Apostel besser?

Wir evangelikale Christen von heute sind allgemein der Meinung, wir würden das apostolische Christentum praktizieren. Die frühen Christen meinten das auch von sich. Dennoch, wie wir erkennen, weichen unsere Überzeugungen und Praktiken erheblich von den ihren ab. Wie können wir also wissen, wer von uns beiden genauer dem Vorbild folgt, das die Apostel vorgelegt haben?

Eine nahe liegende, aber stark vereinfachende Lösung wäre es zu sagen: „Lasst uns einfach ihre Glaubensgrundsätze und die unseren mit der Bibel vergleichen." Das Problem ist, dass die frühen Christen ihre Lehren aus der Bibel bezogen – wie wir es auch tun. Sie zitierten Schriftstellen, um ihre Überzeugungen zu belegen, genau wie wir es tun. In Wahrheit geht es hier um eine Frage der *Interpretation* der Bibel. Wir könnten höchstens ihre Interpretationen der Schrift mit unseren Interpretationen der Schrift vergleichen. Und das allein beweist nicht viel.

Also lautet die Frage nun: Wessen Interpretation ist mit größerer Wahrscheinlichkeit richtig – unsere oder ihre?

Der Zeitvorteil

Interessanterweise stand die frühe Kirche einer Pattsituation mit den Gnostikern gegenüber, ähnlich unserem Patt mit den frühen Christen. Beide, die Kirche und die Gnostiker, behaupteten, dass sie das wahre Evangelium hätten. Tertullian schrieb: „Ich nenne mein Evangelium echt, Marcion [ein führender gnostischer Lehrer] seins; ich nenne seins verfälscht, er meins. Wer wird zwischen uns entscheiden? Nur das Zeitverhältnis, indem die Zeit für das, was das ältere ist, Autorität präskribiert und gegen das, was als das jüngere dastehen wird, das Präjudiz der Verfälschung erweckt. Denn sowie die Fälschung eine Verderbnis des echten ist, so muss notwendig das Echte dem Gefälschten vorausgehen."[139]

Tertullians „Zeitprinzip" ist ein Hauptkriterium, das moderne Historiker benutzen, um widersprüchliche historische Belege zu bewerten. Einem Bericht, der kurz nach den tatsächlichen Ereignissen geschrieben wurde, wird normalerweise mehr Glaubwürdigkeit zugestanden als einem, der viel später geschrieben wurde. Dasselbe gilt für biblische Manuskripte. Wie viel Vertrauen hätten Sie denn in ein neutestamentliches Manuskript, das von den anderen abweicht, aber auch erst 1400 Jahre nach dem Tod der Apostel entstanden wäre? Besonders wenn Sie auch ein Neues Testament zur Verfügung hätten, das innerhalb weniger Jahrzehnte, nachdem die Apostel gestorben waren, fertig gestellt war? Warum bevorzugen wir dann *Lehren*, die erstmalig 1400 oder mehr Jahre nach dem Tod der Apostel gelehrt wurden, vor denen, die innerhalb weniger Jahrzehnte nach ihrem Wirken gelehrt wurden?

---

[139] Tertullian, Die fünf Bücher gegen Marcion, 4.Buch, Kp 4 (Text nach BKV)

Die kumulative Wirkung kleiner Veränderungen

Eine Kopie irgendeiner Sache ist selten ein perfektes Duplikat des Originals. Während das Christentum von Generation zu Generation dupliziert wurde, machte es viele Veränderungen durch. Von einer Generation zur nächsten waren die meisten dieser Veränderungen sehr klein, kaum wahrnehmbar. Trotzdem kann der Häufungseffekt kleiner Veränderungen über hunderte von Jahren hinweg bedeutend sein. Nehmen Sie zum Beispiel die deutsche Sprache. Von Generation zu Generation verändert sich unsere Sprache sehr langsam. Die Veränderung geht so langsam vor sich, dass wir kaum einen Unterschied ausmachen können zwischen der Art, wie wir sprechen und der Art, wie unsere Großeltern sprachen, abgesehen vom Slang. Trotzdem ist die Ansammlung dieser kleinen Veränderungen über hunderte von Jahren deutlich erkennbar. Wenn wir zum Beispiel versuchen, Mittelhochdeutsch aus dem 13. Jahrhundert zu lesen, so ist es fast, als versuchten wir, eine Fremdsprache zu lesen.

Dasselbe gilt für das Christentum. Ich bin mir ziemlich sicher, dass das Christentum des zweiten Jahrhunderts kein perfektes Duplikat des apostolischen Christentums war. Aber die Christen des zweiten Jahrhunderts waren nur eine Generation von den Aposteln entfernt. Wir sind neunzehn Jahrhunderte entfernt! Wie vernünftig ist unsere Behauptung, dass – nach neunzehn hundert Jahren – unser evangelikales Christentum das apostolische Christentum praktisch unverändert wiedergibt? Vor allem, wenn wir zugleich behaupten, dass das orthodoxe Christentum sich schon 50 Jahre nach dem Tod der Apostel radikal verändert habe?

Die Vorteile von Sprache und Kultur

Aber der Faktor Zeit war nicht der einzige Vorteil, den die frühen Christen uns gegenüber hatten. Sie waren auch in einer deutlich besseren Position, um die Schriften der Apostel akkurat zu interpretieren.

Erstens konnten die frühen Christen die neutestamentlichen Schriften im Griechisch der Apostel, in der Originalsprache, lesen. Wie viele von uns können dasselbe von sich behaupten? Unsere Pastoren müssen als einen Teil ihrer theologischen Ausbildung mehrere Jahre lang Altgriechisch studieren. Dennoch können nur sehr wenige von ihnen flüssig Altgriechisch sprechen. Die meisten können ohne die Hilfe eines Griechisch-Deutschen Wörterbuchs nicht einmal einen griechischen Text lesen und verstehen. Die frühen Christen mussten jedoch nicht Altgriechisch studieren; es war ihre Muttersprache. Sie *sprachen* nicht nur griechisch, sie *dachten* in der Sprache.

Wie viel wissen Sie über die alte Mittelmeerkultur?

Was ist mit der Kulturbarriere? Die meisten heutigen Christen wissen extrem wenig über den kulturellen oder historischen Hintergrund, in welchem das Neue Testament geschrieben wurde. Sehr oft ist das, was heutige Christen zu wissen glauben, eher Mythos als Wahrheit. Sogar Gelehrte, die ihr ganzes Leben dem Studium des kulturellen und historischen Hintergrundes der neutestamentlichen Christenheit widmen, können es niemals so gut erfassen wie die Menschen, die darin lebten. Also hatten die frühen Christen einen weiteren wichtigen Vorteil uns gegenüber, wenn es darum geht, die Schriften korrekt zu interpretieren.

Haben Sie jemals mit dem Apostel Johannes gesprochen?

Weiters hatte die erste Generation der frühen Christen die Gelegenheit, die Apostel *persönlich* zu hören und ihnen Fragen zu stellen.

Klemens von Rom ist ein Beispiel. Er war ein persönlicher Jünger sowohl von Paulus als auch von Petrus.[140] Paulus erwähnt Klemens namentlich in seinem Brief an die Philipper, wo er schreibt: „Ich bitte auch dich, mein rechter Gefährte, stehe ihnen bei, die in dem Evangelium zusammen mit mir gekämpft haben, auch mit Klemens und meinen übrigen Mitarbeitern, deren Namen im Buch des Lebens sind" (Philipper 4,3). Wie wahrscheinlich ist es, dass Klemens, Paulus' Mitarbeiter, missverstand, was Paulus über die Errettung lehrte? Warum würde er Klemens so hoch rühmen, wenn dieser Falsches gelehrt hätte?

Ich habe bereits Polykarps Beziehung mit dem Apostel Johannes erwähnt, welcher ihn zum Aufseher (Bischof) über die Gemeinde von Smyrna ernannte. Falls die Engel der sieben Gemeinden in der Offenbarung den Aufsehern jener Gemeinden entsprechen, so ist es gut möglich, dass der „Engel" von Smyrna Polykarp war. Und in der Offenbarung sagt Jesus nichts darüber, dass die Gemeinde in Smyrna eine falsche Lehre verbreiten würde. Tat-

---

[140] 1.Klemensbrief 5,44

sächlich hatte Jesus überhaupt keine Worte der Korrektur für die Gemeinde in Smyrna (Offenbarung 2,8-11). Die Gemeinde von Smyrna war offenbar auf dem richtigen Kurs unter der Leiterschaft von Polykarp, sonst hätte Jesus etwas anderes gesagt.

Aber es war nicht bloß eine tolle Sache, die Apostel ihre eigenen Schriften erklären zu hören, sondern es war eine Notwendigkeit. Schließlich kommentierte selbst Petrus Paulus' Schriften mit den Worten: „In diesen Briefen ist einiges schwer zu verstehen, was die Unwissenden und Unbefestigten verdrehen wie auch die anderen Schriften zu ihrem eigenen Verderben" (2. Petrus 3,16). Petrus schrieb an Christen, die fließend griechisch sprachen und die denselben kulturellen Hintergrund wie Paulus hatten. Aber sogar bei diesen Vorteilen gab Petrus zu, dass einige Teile von Paulus' Schriften „schwer zu verstehen" seien. Und doch handeln wir, die wir fast zweitausend Jahre später leben und eine andere Sprache sprechen, als ob es unmöglich wäre, dass *wir* seine Schriften missverstehen könnten.

Leider erklärt Petrus nicht, was die „Unwissenden und Ungefestigten" lehrten. Interpretierten sie vielleicht Paulus' Schriften auf die Weise, wie wir es tun? Schließlich waren die Betrüger, welche am Ende des ersten Jahrhunderts so weit verbreitet waren, die Gnostiker. Und wie wir gesehen haben, war ihre Interpretation der Paulinischen Briefe in vielerlei Weise mit der unseren ident.

Die Lehre der Apostel war in erster Linie mündlich

Alle Lehre Jesu war mündlich. Er hinterließ der Kirche nicht ein einziges Wort schriftlicher Anleitung. Als die Kirche am Pfingsttag gegründet wurde, war die einzige christliche Lehre, die sie hatte, mündlicher Art. Tatsächlich wurde unser Neues Testament erst Ende des ersten Jahrhunderts vollendet. Daher verließ sich die Kirche des ersten Jahrhunderts größtenteils auf die mündliche Lehre der Apostel, weil die Apostel primär mündlich lehrten.

Oder glauben Sie wirklich, dass Paulus, der unermüdliche Evangelist und Lehrer, der frühen Kirche nichts Weiteres mitzuteilen hatte, als die 13 oder 14 kurzen Briefe in unserem Neuen Testament? Natürlich nicht! Paulus ermahnte die Thessalonicher: „Also nun, Brüder, steht fest und haltet die Überlieferungen, die ihr gelehrt worden seid, sei es *durch Wort* oder durch unseren Brief" (2. Thessalonicher 2,15). Paulus wollte, dass die Thessalonicher seiner mündlichen Lehre genauso anhingen wie seiner schriftlichen Lehre.

Was ist mit den anderen Aposteln? Denken Sie, dass Petrus' gesamte Lehre gerade einmal sieben geschriebene Seiten füllt? Glauben Sie wirklich, dass die Apostel Andreas, Jakobus, Philippus, Bartholomäus und Thomas der Kirche überhaupt nichts mitzuteilen hatten? Lächerlich! Dies waren handverlesene Männer, die drei Jahre persönlichen Trainings in der engsten Gemeinschaft mit Jesus selbst verbracht hatten. Die frühe Kirche bezeugt, dass alle Apostel aktiv predigten und das Evangelium lehrten.

Paulus schrieb den Korinthern: „Ich lobe euch aber, dass ihr in allem meiner gedenkt und die *Überlieferungen*, wie ich sie euch überliefert habe, festhaltet" (1. Korinther 11,2). Paulus fährt trotzdem fort, einige der Frauen aus Korinth zurechtzuweisen, weil sie beim Gebet keine Kopfbedeckung trugen. Es hatte zwar vorher kein geschriebenes Gebot der Apostel gegeben, dass eine christliche Frau beim Gebet oder bei Weissagung den Kopf zu bedecken habe. Aber es gab auf jeden Fall einen apostolischen Brauch oder eine Tradition, wie Paulus bezeugt: „Wenn es aber jemand für gut hält, streitsüchtig zu sein, so soll er wissen: wir haben eine derartige Gewohnheit nicht, auch nicht die Gemeinden Gottes" (1. Korinther 11,16).

Aber bitte laufen Sie mir jetzt nicht davon. Ich behaupte nicht, dass es irgendwelche zusätzliche Lehren, moralische Gebote oder Offenbarungen gab, die den frühen Christen mündlich weitergegeben wurden. Tatsächlich sind die Schriften der frühen Christen der stärkste Nachweis, dass es so etwas nicht gab. Unser Neues Testament enthält alles, was zur Rettung nötig ist. Die wesentlichen Lehren und Gebote wurden schließlich alle in der Schrift bezeugt.

Bedeutet dies, dass apostolische Tradition (die mündliche Lehre der Apostel) keinen Wert hat? Nein, sie hat großen Wert, denn sie diente zwei Hauptfunktionen. Die erste war es, gemeindliche Praktiken zu etablieren – wie zum Beispiel die Gemeindeleitung, den Gottesdienstablauf oder die Art der Taufe. Tatsächlich waren die meisten Praktiken, die die Kirche des ersten Jahrhunderts in diesen Bereichen ausübte, Angelegenheiten apostolischer Tradition oder Bräuche – und keine geschriebenen Richtlinien. Zum Beispiel wird den Christen nirgendwo im Neuen Testament gesagt, wann sie sich treffen sollten und wie oft sie das Abendmahl halten sollten. Aber das Zeugnis der frühen Christen zeigt, dass es einige sehr konkrete Traditionen in diesen Bereichen gab, die von den Aposteln oder ihren Mitarbeitern überliefert wurden.

Die Bibel bietet uns manchmal Einblick in diese apostolischen Bräuche – aber nicht immer.

Die Gemeindeleitung selbst wurde durch die mündlichen Lehren der Apostel eingesetzt. Als Paulus Timotheus Anweisungen gab, wie er Älteste und Diakone auswählen sollte, führte er keine neue Form der Gemeindeleitung ein (1. Timotheus 3,1-13; Titus 1,5-9). Er beschrieb lediglich, wie die Männer sein sollten, die die bereits eingeführten Aufsichtspositionen einnehmen sollten.

Die zweite Funktion der apostolischen Tradition war die Verdeutlichung der Themen, die in den Schriften des Neues Testaments diskutiert wurden (oder später diskutiert werden würden). Die Apostel hatten nie die Absicht, dass die Kirche ihre Schriften ins Leere hinein interpretieren sollte, ohne Bezug auf ihre ausgiebigen mündlichen Belehrungen. Da die frühen Christen sich an ihren Reichtum an mündlicher Anweisung durch die Apostel klammerten, hatten sie einen enormen Vorteil gegenüber uns, was die Interpretation der Schrift betrifft.

Aber bitte verwechseln Sie *apostolische* Tradition nicht mit den späteren *menschlichen* Traditionen, die die Römisch-Katholische und die Orthodoxen Kirchen übernommen haben. Die meisten ihrer Traditionen hatten ihren Ursprung nach der Zeit Konstantins und waren den frühen Christen unbekannt.

Ich habe hier natürlich nur gezeigt, dass die frühen Christen in einer *besseren Position* waren als wir, um die Apostel korrekt zu verstehen und zu imitieren. Ich habe nicht gezeigt, dass sie nicht *vorsätzlich* die Lehren veränderten, die ihnen die Apostel gegeben hatten. Taten sie dies? Die Antwort kann von größter Bedeutung für unsere Beziehung mit Gott sein.

12. Wurde die Lehre der Apostel absichtlich verändert?

Wenn das Christentum sich innerhalb weniger Jahrzehnte nach dem Tod des Apostels Johannes radikal veränderte, so doch nicht deswegen, weil die Kirche die apostolischen Lehren *missverstanden* hätte. Wenn schließlich nicht einmal die Männer, die persönlich von den Aposteln unterwiesen wurden, sie verstehen konnten, wie könnte *irgendwer* hoffen, sie zu verstehen? Nein, jegliche grobe Abweichung der frühen Christen vom apostolischen Christentum hätte mit *Absicht* geschehen müssen.

Sie glaubten, dass es keine neue besondere Offenbarung gibt

Glaubten die frühen Christen, dass die Apostel sich in manchen Bereichen geirrt hatten? Glaubten sie, dass die Kirche auch nach der Apostelzeit neue Offenbarungen bekommen würde, oder dass manche apostolische Lehren schon überholt waren?

Die Antwort auf diese Fragen ist ein unmissverständliches „Nein!" Die frühe Kirche lehrte ausdrücklich, dass es nach den Aposteln keine besonderen Lehroffenbarungen mehr gibt, und dass alles, was wir über Gott wissen müssen, den Aposteln bereits offenbart worden war. Weiters glaubte die Kirche, dass die Apostel ohne Fehler lehrten und dass ihre Lehren für Christen in jeder Zeit gelten.

Tertullian schrieb zum Beispiel: „Wir haben die Apostel des Herrn zu Gewährsmännern, welche nicht einmal selbst nach ihrem Gutdünken etwas auswählten, um es einzuführen, sondern welche die von Christus empfangene Lehre den Nationen getreuich überlieferten. Wenn daher auch ein Engel vom Himmel ein anderes Evangelium verkündigte, so würde er von uns verflucht werden. ... Auf Grund dessen erheben wir also die Prozeßeinrede [Tertullian argumentiert hier in der Weise eines Anwalts für die Wahrheit]: wenn Christus, der Herr, Apostel zum Predigen ausgeandt hat, so dürfen andere Prediger als es Christus angeordnet hat, [als Zeugen der ursprünglichen Wahrheit] nicht zugelassen werden. ... [Der Sohn hat den Vater] augenscheinlich auch keinem andern geoffenbart, als den Aposteln, die er zur Predigt aussandte, nämlich zur Predigt dessen, was er ihnen offenbart."[141]

Gegenstand der Hauptkontroverse zwischen der frühen Kirche und frühen ketzerischen Gruppen war gerade die Frage der Offenbarung. Fast alle Irrlehrer behaupteten, neue Offenbarungen zu haben, die über die Lehre der Apostel hinausgingen. Irenäus, der Schüler Polykarps, sprach für die Kirche: „Denn den Auftrag, das Evangelium zu verkünden, gab der Herr seinen Aposteln. Von ihnen lernten wir die Wahrheit. ... Frevelhaft ist die Behauptung, sie hätten gepredigt, bevor sie die vollkommene Kenntnis besessen hätten, wie jene zu sagen sich erkühnen [die Gnostiker], die sich rühmen, die Apostel verbessern zu können."[142]

---

[141] Tertullian, Prozesseinreden gegen die Häretiker, Kp 6 und Kp 21 (Text nach BKV)

[142] Irenäus, Gegen die Häresien, 3.Buch, Vorrede und Kp 1 (Text nach BKV)

Die frühe Kirche vertrat standhaft ihre Position, dass es nach den Aposteln keine Offenbarung mehr gab. Folglich lehnte die Kirche jede Lehre, die nicht von den Lippen der Apostel gekommen war, kurz und bündig ab.

Die Leiter der frühen Kirche waren aufrichtige Männer

Aber allein die Tatsache, dass die frühen Christen *sagten*, es gibt nach den Aposteln keine neue Offenbarung, beweist natürlich noch nicht, dass sie die Lehre der Apostel nicht trotzdem boshaft verdrehten. Wie schaut es mit ihrer Integrität aus? Waren die frühchristlichen Leiter prinzipientreue Männer Gottes, oder waren sie skrupellos, machtgierig und auf eigene Bereicherung bedacht? Es deutet alles darauf hin, dass sie demütige, ehrliche Männer Gottes waren. Ein starker Hinweis hierfür ist, dass die frühchristlichen Leiter nicht materiell von ihren Positionen profitierten. Wie ich schon erwähnte, bekamen frühchristliche Leiter keinen Lohn. Als Presbyter in der frühen Kirche zu dienen bedeutete in der Regel, materielle Annehmlichkeiten aufzugeben und in Armut zu leben. Nur die Irrlehrer profitierten finanziell von ihren Leiterpositionen. Es gab wenig, was Leiterschaft in der Kirche attraktiv machte, abgesehen von einem ehrlichen Wunsch, Gott zu dienen.

Außerdem wurden Gemeindeleiter in Zeiten der Verfolgung zur besonderen Zielscheibe für die Soldaten oder die wütende Menge. Zu manchen Zeiten kam die Ernennung zum Aufseher einem Todesurteil gleich. Und doch litten die Leiter der frühen Kirche, fast ohne Ausnahme, lieber unmenschliche Folter, als Christus zu verleugnen. Eine große Anzahl der christlichen Leiter, die in diesem Buch zitiert werden – Ignatius, Polykarp, Justinus der Märtyrer, Hippolytus, Cyprian, Methodius und Origenes – starben bereitwillig für ihren Glauben an Christus. Wenn diese Männer die Lehren Jesu und seiner Apostel bewusst verfälscht hätten, wären sie bereit gewesen, für Jesus zu sterben? Die Gnostiker waren es jedenfalls nicht. Obwohl sie behaupteten, besondere Offenbarungen von Gott zu haben, waren sie nur zu gerne bereit, Jesus zu verleugnen, sobald sie mit Folter oder Tod konfrontiert waren. Die wenigsten Menschen würden für etwas sterben, von dem sie wissen, dass es eine bewusste Lüge ist.

Verwenden wir nicht gerade dieses Argument, wenn wir die Wahrheit von Jesu Auferstehung untermauern wollen? Argumentieren wir dann nicht, dass die Apostel nicht bereitwillig für etwas gestorben wären, von dem sie wüssten, dass es eine Lüge wäre? Hätten die Schüler der Apostel es anders gemacht?

Sie stellten unser Neues Testament zusammen

Eigentlich ist die Glaubwürdigkeit des Neuen Testamentes an sich eng mit der Integrität der frühen Christen verknüpft. Schließlich waren es die Leiter der frühen Kirche, die die Schriften, die wir jetzt das Neue Testament nennen, sammelten, bewahrten und auf Echtheit überprüften.

Manche Christen hegen die falsche Annahme, dass die Apostel gegen Ende des apostolischen Zeitalters der Kirche eine gebundene Sammlung von Schriften mit dem Titel „Neues Testament" überreichten und der Kirche sagten, dass diese Schriften alles enthalten, was wir wissen müssen. Aber so war es nicht. Die verschiedenen Briefe und Berichte, die die Apostel und andere Jünger verfassten, wurden eigentlich einzeln von den frühchristlichen Gemeinden gesammelt. Die Apostel wiesen die Kirche nie an, welche Schriften sie annehmen und welche sie ablehnen sollte. Unter Anleitung des Heiligen Geistes mussten die frühen Christen selber entscheiden, welche Schriften tatsächlich von den Aposteln stammten und welche nicht – was gar nicht so einfach war.

Zum einen waren auch zahlreiche falsche Evangelien und „apostolische" Briefe im Umlauf. Es gab sogar mehr unechte als echte Berichte über das Leben Jesu und die Taten der Apostel. Haben Sie schon vom Thomasevangelium gehört? Oder das Evangelium des Nikodemus? Oder die Apostelgeschichten von Philipp oder Andreas oder Matthias? Haben Sie jemals die Offenbarung des Paulus gelesen? Wahrscheinlich nicht. Der Grund dafür ist, dass die frühe Kirche diese Schriften nicht als echt anerkannte.

Hätte die Kirche sich von den Lehren der Apostel wegbewegen wollen, so hätte sie nur einige von diesen unechten Schriften akzeptieren und einige echte apostolische Schriften ablehnen müssen. Oder die Kirche hätte die echten apostolischen Schriften abändern können, um sie der gewünschten Lehre anzupassen. Niemand hätte sie dafür angeprangert, weil genau diese Vorgangsweise außerhalb der Kirche gang und gäbe war.

Jetzt wird es für uns eng. Wenn wir sagen, dass die frühchristlichen Leiter unehrliche Männer waren, die die *Lehren* der Apostel absichtlich abänderten, dann müssten wir auch die

Wahrscheinlichkeit eingestehen, dass sie auch ihre *Schriften* absichtlich verändert hätten. Wenn wir die Glaubwürdigkeit und Authentizität des Neuen Testamentes gegenüber Skeptikern verteidigen, zitieren wir aber gerade das Leben und Zeugnis der frühen Christen als Beleg für seine Autorität.

Die Aufrichtigkeit dieser Männer ist besonders in ihren Entscheidungen darüber bemerkenswert, welche Schriften im neutestamentlichen Kanon inkludiert werden. Zum Beispiel, da wir die frühchristliche Lehre über Errettung und Werke kennen, würden wir ganz natürlich erwarten, dass die frühe Kirche den Jakobusbrief stark betont und seinen Platz im Kanon nicht in Frage gestellt hätte, während sie den Römerbrief eher abgelehnt hätte. Aber genau das Gegenteil ist der Fall. Die frühen Christen zitierten nur selten den Jakobusbrief, und manche Gemeinden stellten seine Echtheit in Frage.[143] Im Gegensatz dazu zitierten sie Paulus reichlich und nahmen seine Briefe bereitwillig in den Kanon auf.

Welch beachtliche Integrität! Sie stellten die Echtheit genau jenes Buches in Frage, welches am stärksten ihre Lehrmeinung über die Errettung unterstützte. Gleichzeitig akzeptierten sie ohne Zögern genau die Bücher, die als widersprüchlich zu ihrer Lehrmeinung interpretiert werden könnten. Hätten wir diese Integrität?

Ich sehe diese Art von Integrität jedenfalls nicht in dem Mann, von dem so viele unserer evangelikalen Lehren stammen – Martin Luther. Eine von Luthers bemerkenswerten Leistungen war seine

---

[143] Eusebius, Kirchengeschichte, 2.Buch Kp 23 (Text nach BKV): „Von Jakobus soll der erste der sog. Katholischen Briefe verfaßt sein. Doch ist zu bemerken, daß er für unecht gehalten wird. Denn nicht viele von den Alten haben ihn ... erwähnt."

Übersetzung der Bibel ins Deutsche. Aber seine Übersetzung enthielt zu jedem biblischen Buch ein Vorwort, das die Aufmerksamkeit des Lesers von Bibelabschnitten weglenken sollte, die nicht zu seiner Theologie passten.

Zum Beispiel schrieb Luther in seinem Vorwort zum Neuen Testament:

„Es wäre wohl recht und billig, daß dies Buch ohn alle Vorrede und fremden Namen ausginge und nur seinen ihm selbst eigenen Namen und Rede führete. Aber dieweil durch manche unbegründete Deutung und Vorrede der Christen Sinn dahin irregeführt ist, daß man schier nicht mehr weiß, was Evangelium oder Gesetz, Neues oder Altes Testament bedeute, fordert die Notdurft einen Hinweis und Vorrede, damit der einfältige Mann aus seinem alten Wahn auf die rechte Bahn geführet und unterrichtet werde, wessen er in diesem Buch gewarten solle, auf daß er nicht Gebot und Gesetz suche, da er Evangelium und Verheißung Gottes suchen soll. ...

Denn wenn ich je auf deren eins verzichten sollte, auf die Werke oder die Predigten Christi, dann wollte ich lieber auf die Werke als auf seine Predigten verzichten. Denn die Werke hülfen mir nichts, aber seine Worte, die geben das Leben, wie er selbst sagt. Weil nun Johannes gar wenig Werke von Christus, aber gar viele seiner Predigten beschreibt, umgekehrt die andern drei Evangelisten aber viele seiner Werke und weniger seiner Worte beschreiben, ist das Evangelium des Johannes das einzige, schöne, rechte Hauptevangelium und den andern dreien weit, weit vorzuziehen und höher zu heben. Ebenso gehen auch des Paulus und Petrus

Briefe weit den drei Evangelien des Matthäus, Markus und Lukas voran.

In Summa: das Evangelium des Johannes und sein erster Brief, die Briefe des Paulus, insbesondere der an die Römer, Galater, Epheser und der erste Brief des Petrus, das sind die Bücher, die dir Christus zeigen und dich alles lehren, was dir zu wissen not und selig ist, ob du schon kein ander Buch und Lehre nimmer sehest noch hörest. Darum ist der Jakobusbrief eine rechte stroherne Epistel gegen sie; da er doch keine evangelische Art an sich hat."[144]

Luther behauptete, dass er nur deswegen das Johannesevangelium vor den anderen drei bevorzugte, weil es mehr von Jesu Predigt enthält. Aber das stimmt nicht. Das Matthäusevangelium enthält fast *zweimal* so viel von Jesu Predigt wie das Johannesevangelium.

Man muss nicht einmal besonders scharfsinnig sein, um Luthers wahren Beweggrund zu erkennen. Die Bibelbücher, die Luther gering schätzt, sind zufällig gerade die Bücher, die aufzeigen, dass Gehorsam für die Errettung notwendig ist. Im Matthäusevangelium finden wir zum Beispiel Aussagen wie: „Nicht jeder, der zu mir sagt: Herr, Herr! wird in das Reich der Himmel eingehen, sondern wer den Willen meines Vaters tut, der in den Himmeln ist" (Matthäus 7,21); und „Wer aber ausharrt bis ans Ende, der wird errettet werden" (Matthäus 24,13). Jakobus sagt uns, „dass ein Mensch aus Werken gerechtfertigt wird und nicht aus Glauben allein" (Jakobus 2,24). Luther scheute nicht

---

[144] Martin Luther, Vorrede zum Neuen Testament, online unter: http://christusdiener.wordpress.com/2012/08/03/martin-luther-vorrede-zum-neuen-testament/

davor zurück, geringschätzig vom Wort Gottes zu schreiben, nur um seine eigene Theologie weiterzubringen. Es wundert nicht, dass der Großteil der modernen liberalen Theologie seinen Ursprung in lutherischen Seminaren fand.

Kurz gesagt sehe ich einen scharfen Kontrast zwischen der Integrität der frühen Christen und jener des Gründers der Reformation. Wie viel Vertrauen könnten wir in den neutestamentlichen Kanon haben, wenn er von Luther statt von den frühen Gemeinden zusammengestellt worden wäre? Gleichzeitig müssen wir fragen, wie viel Vertrauen wir in unsere evangelikalen Lehren haben können, die von Luther stammen?

Die frühen Christen waren ultrakonservativ

Die frühen Christen waren ultrakonservativ und werteten jede Veränderung als Verfälschung. Da sie keine neue Offenbarung nach den Aposteln erwarteten, verwarfen sie sofort jede neue Lehre, die nicht von den Aposteln gekommen war. Eine frühe Gemeinde kommentierte in einem Brief an eine andere Gemeinde: „Ohne Zweifel versteht ihr sehr gut, dass jene, die danach trachten neue Lehren einzuführen, in der Regel jeden Beweis, den sie aus der Schrift anführen wollen, so zurechtbiegen, dass er ihre Behauptungen stützt. ... Folglich soll ein Jünger Christi keine neue Lehre zusätzlich zu dem annehmen, was uns einmal durch die Apostel geboten wurde."[145]

---

[145] Archelaus, Manes, Kap 40 (aus dem Englischen übersetzt)

Wenn jede Veränderung als Verfälschung gewertet wird, ändern sich die Dinge nicht sehr schnell. Ein Vergleich der kirchlichen Schriften des 2. und 3. Jahrhunderts zeigt, dass es sehr wenige Veränderungen in Lehren oder Moralvorstellungen zwischen den beiden Jahrhunderten gab. Es gab zwar einige Veränderungen zwischen dem 2. und dem 3. Jahrhundert, aber diese betrafen in erster Linie Gemeindeverwaltung und Gemeindezucht.[146]

Sie konsultierten die Jünger der Apostel

Eine weitere Sache, die mich bei den frühchristlichen Leitern beeindruckte, war ihr ehrlicher Wunsch, nicht einmal versehentlich vom apostolischen Vorbild abzuweichen. Wie ich bereits erwähnte, hingen die Gemeinden des 1. Jahrhunderts an der mündlichen Tradition der Apostel, und sie konsultierten die Apostel, wenn Fragen aufkamen. Wenn die Apostel nicht verfügbar waren, konsultierten sie die Leiter jener Gemeinden, wo die Apostel persönlich gelehrt hatten. Diese letztere Praxis blieb bis zur Zeit Konstantins aufrecht. Irenäus schrieb zum Beispiel: „Sollte jedoch über eine unbedeutende Frage ein Zwiespalt entstehen, dann muß man auf die ältesten Kirchen zurückgehen, in denen die Apostel gewirkt haben, und von ihnen die klare und sichere Entscheidung über die strittige Frage annehmen."[147]

---

[146] Die Kirche des dritten Jahrhunderts war viel enger strukturiert als jene des zweiten. Ebenso hat das Amt des Bischofs an Bedeutung zugenommen, während die der Presbyter (Ältesten) etwas abgenommen hatte.

[147] Irenäus, Gegen die Häresien, 3. Buch, Kap 4,1 (Text nach BKV)

Bedenken Sie, bis circa 150 n. Chr. gab es noch Gemeindeälteste, die persönlich von einem oder mehreren Aposteln unterwiesen worden waren. Bis Ende des 2. Jahrhunderts gab es noch Gemeindeleiter, die von einem oder mehreren Jüngern eines Apostels angeleitet worden waren. Natürlich war Rücksprache mit einer apostolisch gegründeten Gemeinde nicht so gut wie Nachfragen bei den Aposteln selber. Aber wenn man den ultrakonservativen Geist der frühen Kirche bedenkt, war dies eine geeignete Methode, um nicht allzu weit von den Praktiken und Lehren der Apostel abzuweichen.

Merken Sie bitte besonders, dass diese Praxis vollkommen freiwillig war. Keine Gemeinde hatte kirchliche Autorität über andere Gemeinden. Bedenken Sie auch, dass die Begründung für diese Praxis *nicht* darin lag, dass die apostolischen Gemeinden irgendeine gegenwärtige Autorität oder Offenbarung von Gott hatten, sondern dass sie am besten mit der vergangenen Offenbarung verbunden waren.

Sie lehrten alle dieselben Grundlehren

Wie ich schon erwähnt habe, war das frühe Christentum von einer Gedankenvielfalt gekennzeichnet, was die feineren Aspekte der Lehren betraf. Gleichzeitig wurden aber die meisten grundlegenden Glaubensinhalte und Praktiken – einschließlich derer, die in diesem Buch vorgestellt werden – fast universell in der gesamten frühen Kirche gelehrt. Diese Universalität der grundlegenden Glaubensinhalte überzeugt mich, dass diese Inhalte von den Aposteln kommen müssen. Das vor allem, weil es im 2. Jahrhundert keinen Christen von kirchenweitem Einfluss gegeben hat, von dem sie sonst stammen könnten.

Genau diesen Punkt macht auch Tertullian gegenüber den Gnostikern und anderen Irrlehrern, die behaupteten, die Kirche würde die Lehren der Apostel nicht korrekt wiedergeben. Tertullians Verteidigung gegen diese Anklage könnte genauso gut an heutige Christen gerichtet sein:

„Wenn es also unglaublich ist, daß die Apostel nicht die ganze Fülle der Verkündigung gekannt oder daß sie nicht allen den ganzen Inhalt der Glaubensregel mitgeteilt hätten, so wollen wir nun zusehen, ob nicht die Apostel sie zwar lauter und vollständig verkündeten, die Kirchen aber sie durch ihre Schuld anders aufgefaßt haben, als die Apostel sie verkündeten. ... Aber gut, nehmen wir nun an, *alle* Kirchen hätten geirrt, der Apostel habe sich getäuscht, indem er ein gutes Zeugnis ausstellte, und der Hl. Geist sich um *keine* bekümmert, um sie in die Wahrheit einzuführen, obwohl er dazu von Christus gesendet und dazu vom Vater erbeten war, um „der Lehrer der Wahrheit" zu sein; er habe sein Amt als Gutsverwalter Gottes, als Stellvertreter Christi vernachlässigt und zugelassen, daß die Kirchen vorläufig das anders verstanden, anders glaubten, was er selbst durch die Apostel predigte – ist es dann auch nur wahrscheinlich, daß so viele und so große Kirchen sich zu demselben Glauben würden verirrt haben?! Niemals zeigt sich bei einer großen Zahl von Wechselfällen ein und derselbe Ausgang. Die irrtümliche Lehre der Kirchen hätte doch eine bunte Mannigfaltigkeit bewirken müssen! Was sich aber bei einer großen Zahl von Leuten als eine Einheit vorfindet, das ist nicht Folge eines Irrtums, sondern Überlieferung."[148]

Ich finde es ziemlich schwierig, Tertullians Argument zu widerlegen. Wenn die Gemeinden von dem einen wahren Glauben abwichen, den die Apostel verkündigt hatten, wie kamen sie dann dazu, alle dasselbe zu lehren? Es gab keine kirchenweiten Konzilien, Seminare, gedruckte Literatur oder irgendein anderes Mittel, um Irrlehren schnell durch die ganze Kirche zu verbreiten. Wie hätten die verschiedenen Ortsgemeinden unabhängig voneinander alle auf dieselben Interpretationen und Praktiken kommen können – es sei denn, sie folgten einfach, was Paulus und die anderen Apostel lehrten, als sie die Gemeinden auf ihren Reisen besuchten? Sogar noch dreihundert Jahre nach Jesu Tod waren orthodoxe Christen noch ein einheitlicher Leib. Dreihundert Jahre nach der Reformation waren aber die protestantischen oder evangelikalen Christen in hunderte von Gruppierungen und Sekten zersplittert. Sollte uns dies nicht etwas lehren?

Sie wandelten in Jesu Fußstapfen

Ein Freund, der hörte, dass ich mich mit den frühchristlichen Schriften beschäftige, kommentierte in einem Brief: „Ich habe eine Theorie. Der geeignete Weg, um die Authentizität jener festzustellen, die als ‚Kirchenväter' gelten, ist, ihre Ideen und ihren Lebensstil mit denen Jesu und der Apostel zu vergleichen." Mir war klar, dass er Recht hatte. Es wäre schwer zu behaupten,

---

[148] Tertullian, Prozesseinreden gegen die Häretiker, Kp 27+28 (Text nach BKV)

die frühen Christen würden die apostolischen Lehren hochhalten, wenn ihre Praktiken und ihr Lebensstil im Widerspruch zu dem stünden, was Jesus und die Apostel lehrten.

Aber wie wir schon gesehen haben, lebten die frühen Christen *sehr wörtlich* nach den Lehren Jesu und der Apostel. Ihr Leben spiegelte ihre Loyalität gegenüber Jesus wider.

Was sagte Jesus über ihre Lehren?

Schließlich und vor allem haben wir das direkte Zeugnis von Jesus selber. Am Ende des ersten Jahrhunderts bewertete er sieben als repräsentativ anzusehende Gemeinden und gab seine Analyse in der Offenbarung des Johannes wieder. Nur wenige Jahre trennten diese Offenbarung des Johannes von den frühesten Schriften, die ich in diesem Buch diskutiert habe, wie die Briefe von Ignatius und Klemens von Rom.

Was hatte Jesus in der Offenbarung über diese sieben beispielhaften Gemeinden zu sagen? Rügte er sie, dass sie falsch lehrten? Ermahnte er sie für die Meinung, dass Werke eine Rolle in der Errettung spielen? Nein, ganz im Gegenteil.

Er forderte sie dazu auf, in ihren Werken *zuzunehmen*. Er sagte der Gemeinde in Sardis, dass ihre Werke nicht „völlig" waren. Aber er sagte niemandem etwas über theologische Standpunkte. Er ermutigte sogar ein paar der Gemeinden, an dem festzuhalten, was sie hatten (Offenbarung 2 und 3). Seine Hauptkritik an einigen der Gemeinden war, dass sie Unzucht und Götzendienst tolerierten, ein Problem, das die Kirche des 2. Jahrhunderts erfolgreich bekämpfte.

Es gibt nichts in Jesu Sendschreiben, was andeuten würde, dass irgendeine der sieben Gemeinden eine falsche Theologie lehrte. Tatsächlich ist es so, wie ich bereits sagte, dass Jesus überhaupt keine Zurechtweisung für die Gemeinde in Smyrna hatte, wo Polykarp offenbar der Aufseher oder Bischof war. Welche bessere Bestätigung könnte es für eine Gemeinde geben, dass ihre Lehren und Praktiken Gott gefielen?

Aber wenn die frühen Christen die Lehren der Apostel nicht veränderten, wer hat es denn dann getan?

13. Wie das frühe Christentum korrumpiert wurde

Das Christentum war wie ein kostbarer Schatz, den die Apostel geisterfüllten Männern mit bestem Charakter anvertrauten. Dieser Schatz wurde in einer fast unüberwindbaren Festung bewacht, die von vier überragenden Mauern beschützt wurde:

1. Die feste Überzeugung, dass es nach der Zeit der Apostel keine neue besondere Offenbarung mehr gab; sowie ein ultrakonservativer Geist, der jede Veränderung als Fälschung wertete.

2. Die Trennung der Kirche von der Welt, was das Christentum vor Einflüssen durch weltliche Einstellungen und Praktiken schützte.

3. Die freiwillige Praxis, Fragen an die Ältesten jener Gemeinden weiter zu leiten, wo die Apostel gelehrt hatten.

4. Die Unabhängigkeit jeder örtlichen Gemeinde, was verhinderte, dass Irrlehren sich schnell durch die ganze Kirche verbreiten konnten.

Solange diese vier Mauern intakt blieben, war das apostolische Christentum vor großer Verfälschung weitgehend sicher. Vielleicht wären diese Mauern mit der Zeit langsam zerbröselt. Wir werden es nie wissen, weil sie zuvor schon niedergerissen wurden.

Aber sie wurden nicht durch brutale Verfolgung zerstört. Im Laufe von dreihundert Jahren hatte Satan Welle um Welle intensiver Verfolgung gegen die Kirche gebracht. Aber die Schutzmauern blieben fest und unnachgiebig. Die Verfolgung diente sogar als ein reinigendes Feuer, das das Gold in der Kirche von den Schlacken befreite.

Satan brauchte fast drei Jahrhunderte, um dies zu begreifen. Aber sobald er es verstand, schaffte er in wenigen Jahrzehnten, was ihm während dreihundert Jahre unmöglich gewesen war. Anstelle von brutaler Gewalt, die das Christentum überwältigen sollte, verwendete er nun schmeichelnde Überredung, um es von innen her zu zerstören. Dieses Prinzip erinnert mich an eine Fabel von Aesop, die ich als Kind gelesen habe:

Eines Tages stritten sich die Sonne und der Wind darüber, welcher von ihnen mächtiger sei. Da keiner zugeben wollte, dass der andere stärker wäre, schlug die Sonne einen Wettkampf vor. Der Gewinner des Wettkampfes sollte als der Stärkere gelten. Die Sonne sah auf einer Landstraße einen Mann mit einem wollenen Mantel und schlug vor, dass jeder versuchen sollte, den Mann dazu zu bringen, seinen Mantel auszuziehen. Der Wind hielt dies für fair und willigte ein. Die Sonne lud den Wind ein, den Anfang zu machen, und zog sich währenddessen hinter eine Wolke zurück.

Der Wind heulte mit aller Macht los und schlug den Mann mit einem so starken Windstoß, dass er fast zu Boden fiel. Während der Mann sich vorwärts kämpfte, heulte der Wind wie eine Lokomotive und blies immer stärker gegen ihn. Obwohl er kaum auf den Beinen blieb, zog der Mann seinen Mantel nicht aus. Er wickelte ihn nur immer fester um sich. Außer Atem und erschöpft gab der Wind schließlich auf.

Dann kam die Sonne hinter der Wolke hervor und strahlte den Mann sanft und warm an. Innerhalb von Minuten wurde es dem Mann ungemütlich warm, und er zog seinen Mantel aus.

In ähnlicher Weise versagte Satan erbärmlich, als er versuchte, Christen mit Gewalt zu bezwingen. Aber sobald er den roten Teppich ausrollte und die Kirche mit Geschenken, Lob und Ehre überhäufte, kapitulierte sie fast sofort.

Die Verschiebung von Lebensstil auf Lehre

Wie ich schon erwähnte, gab es zwischen dem zweiten und dem dritten Jahrhundert sehr wenig Veränderung in den zentralen Glaubensinhalten der Christen. Aber bis Mitte des dritten Jahrhunderts hatte die Kirche etwas von ihrer geistlichen Vitalität eingebüßt. Manche Christen begannen, die unanständigen Moden und materialistischen Bestrebungen der Welt zu übernehmen. Eine größere Anzahl Christen verleugnete Christus in Zeiten der Verfolgung.[149] Während die geistliche Vitalität der Kirche abnahm, wurde ihre kirchliche Struktur rigider. Christen betrachteten ihre Leiter zunehmend als sakramentale Priester statt als Lehrer und Prediger. Außerdem beanspruchte der Bischof von Rom eine besondere Autorität über andere Gemeinden.[150]

---

[149] Vgl. Cyprians Traktat „Über die Gefallenen" und Commodianus' „Anweisungen über die Christliche Disziplin"

[150] Brief Firmilians an Cyprian (Cyprian – Briefsammlung) Brief 75, Kap 17 (Text nach BKV): „Und in dieser Beziehung kann ich mich wirklich empören über diese so offensichtliche und handgreifliche Torheit des Stephanus; gerade er, der sich so sehr

Man sagt, Patriotismus sei die letzte Zuflucht eines Schurken.[151] Im Christentum ist Theologie die letzte Zuflucht einer geistlich schwachen Kirche. Theologie erfordert keinen Glauben, keine Liebe und kein Opfer. Ein treuloser „Christ", der keine echte Beziehung mit Gott hat, kann genauso eine Liste von Lehren bejahen wie der geistlich stärkste Christ. Als die Kirche schwächer wurde, betonte sie die Lehre also immer mehr. Am Ende des dritten Jahrhunderts, nach einer längeren Zeit ohne Verfolgung, waren Streitereien zwischen Gemeinden über Lehrfragen an der Tagesordnung.

Der Kirchenhistoriker Eusebius, der während dieser Zeit lebte, hielt die traurige Situation fest: „Da aber infolge zu großer Freiheit unser Sinn zu Stolz und Lässigkeit sich kehrte, indem der eine den andern beneidete und beschimpfte und wir uns, wenn es sich so traf, im Wortstreit wie mit Schwert und Speer bekämpften, [indem] Vorsteher mit Vorstehern zusammenstießen und Laien gegen Laien sich erhoben."[152] Als Ergebnis war die Kirche auf die Welle brutaler Verfolgung, die sie Anfang des 4. Jahrhunderts überschwemmte, geistlich unvorbereitet.

---

seiner bischöflichen Stellung rühmt und die Nachfolge des Petrus innezuhaben behauptet, auf dem die Grundlagen der Kirche errichtet sind."

[151] Samuel Johnson, Boswell's Life of Johnson, Bd. 1, S 348

[152] Eusebius, Kirchengeschichte, 8. Buch, Kp 1 (Text nach BKV)

Wie Konstantin versuchte, das Reich zu „christianisieren"

Seit der Zeit Neros im ersten Jahrhundert hatte es keine kontinuierliche Dynastie römischer Kaiser gegeben. Stattdessen regierte ein Kaiser meist nur kurze Zeit, bis er von einem Gegner gestürzt wurde. 306 n. Chr. teilten mehrere Rivalen die Regierungsmacht im Römischen Reich. Severus regierte über Italien und Nordafrika; Konstantin regierte über Britannien und Gallien. Zwei andere Männer regierten über das östliche Reich. Als Severus von einem Rivalen namens Maxentius gestürzt wurde, erklärte Konstantin sich selber zum einzig legitimen Kaiser des Weströmischen Reiches.

Konstantin war ein geborener Führer – ein entschiedener Tatmensch, der Menschen sowohl inspirieren als auch organisieren konnte. Kurz nachdem er sich zum alleinigen Kaiser des Westens erklärt hatte, begann er einen langsamen Marsch über die Alpen nach Rom, um Maxentius zu entthronen. Nach einer Reihe von Siegen begann Konstantin 312 die letzte Etappe seines Marsches nach Rom. Während dieser Zeit hatte er ein Erlebnis, das einen tiefgehenden Einfluss auf das Christentum und auf die Weltgeschichte haben sollte.

Eusebius, der Kirchenhistoriker, beschrieb später, was Konstantin ihm über dieses Erlebnis erzählte: „Um die Stunde der Mittagzeit, da sich der Tag schon neigte, habe er, so sagte der Kaiser, mit eigenen Augen oben am Himmel über der Sonne das Siegeszeichen des Kreuzes, aus Licht gebildet, und dabei die Worte gesehen: Durch dieses siege!"[153] Außerdem sagte Konstantin später, dass er einen Traum hatte, in dem Christus ihn anwies, eine Standarte in der Form eines Kreuzes zu machen. Diese Standarte sollte ihn in allen Schlachten vor dem Feind schützen. Folglich befahl Konstantin, dass eine besondere militärische Standarte konstruiert werden sollte. Sie bestand aus einem aufrechten vergoldeten Speer mit einem kürzeren Querbalken – in der Form eines Kreuzes. Ein goldener, juwelenbestückter Kranz wurde über den Querbalken gelegt, und die Initialen Christi waren innerhalb des Kranzes.

Während sie diese Standarte in die Schlacht trugen, schlugen Konstantins Armeen endgültig jene von Maxentius an der Milvischen Brücke, etwa drei Kilometer außerhalb der Mauern von Rom. Konstantin wurde alleiniger Herrscher des westlichen Reiches, und er schrieb seinen Sieg dem Gott der Christen zu.

Konstantins darauf folgende Beziehung zu der Kirche kann nur im Licht der Beziehung verstanden werden, die römische Kaiser immer mit der Religion ihrer Untertanen hatten. Die Römer waren im Grunde ein religiöses Volk, und sie schrieben ihren Erfolg und ihren Wohlstand als Reich den Göttern zu, die sie gesegnet hatten. Religion war im Römischen Reich eine Staatsangelegenheit, und Religion und Staat waren immer eng miteinander verbunden. In öffentlichen Zeremonien wurden die Götter beschworen und ihnen geopfert, und öffentliche Anbe-

---

[153] Eusebius, Vier Bücher über das Leben des Kaisers Konstantin, 1. Buch, Kp 28 (Text nach BKV)

tung der Götter galt als eine patriotische Pflicht. Die Götter zu beleidigen war ein Staatsverbrechen.[154]

Konstantin glaubte wirklich, dass der christliche Gott ihm seinen Sieg gegeben hatte, und dass genau dieser Gott nun das Römische Reich beschützen würde – solange die Kaiser ihn anbeteten und die Kirche ihm treu war. Also begann Konstantin, die Kirche und ihre Leiter mit Segnungen zu überhäufen. Gemeinsam mit dem östlichen Kaiser erließ er 313 das Toleranzedikt von Mailand, wo es unter anderem heißt: „[Wir haben verfügt,] den Christen und allen Menschen freie Wahl zu geben, der Religion zu folgen, welcher immer sie wollten. Es geschah dies in der Absicht, daß jede Gottheit und jede himmlische Macht, die es je gibt, uns und allen, die unter unserer Herrschaft leben, gnädig sein möge."[155]

Merken Sie, dass Konstantin nicht verlangte, dass jeder im Reich Christ werden muss. Er hat das Christentum einfach zum ersten Mal gesetzlich anerkannt, was es auf eine Stufe mit allen anderen Religionen im Reich stellte. Da aber das Christentum jetzt die Religion des Kaisers persönlich war, hatte sie Prestige gegenüber allen heidnischen Religionen.

Viele Kirchengebäude waren in der Verfolgung zerstört worden, die Konstantins Thronbesteigung vorausging. Also ließ Konstantin die meisten dieser Kirchengebäude auf Staatskosten wieder aufbauen. Er begann, aus der Staatskassa einen regelmäßigen Lohn an die Leiter der meisten Gemeinden zu zahlen, und er erließ Gesetze, die Kirchenleiter ausdrücklich von jeglichem obliga-

---

[154] Vgl. Origens, Gegen Celsus, 8. Buch, Kp 24, 55 etc.

[155] Eusebius, Kirchengeschichte, 10. Buch, Kp 5 (Text nach BKV)

torischen Staatsdienst freistellten. Konstantin tat dies, damit die Leiter ihre volle Zeit und Energie ihren Gemeinden widmen konnten. Er glaubte, dass eine geistlich gesunde Kirche Gottes fortwährende Gunst für das Reich sichern würde.[156] Konstantin erhob Christen auch in prominente Staatspositionen und umgab sich mit christlichen Ratgebern. Er ließ sogar christliche Bischöfe seine Truppen in die Schlacht begleiten, um Gottes Gunst zu sichern.[157]

Die Mauern beginnen zu bröseln

Während zweieinhalb Jahrhunderte war das Christentum relativ unverändert geblieben, weil es durch vier massive Mauern beschützt wurde. Aber die äußerste Mauer, der ultrakonservative Geist der frühen Kirche, war bedroht. In der Vergangenheit war jede neue Lehre oder Praktik von der Kirche automatisch verworfen worden. Aber nach Konstantins Bekehrung begann die Kirche ihre Position zu überdenken, dass Veränderung unbedingt falsch sein müsste. Zum Beispiel hatte die Kirche es immer für ketzerisch gehalten, einen Lohn an die Leiter der Gemeinden zu zahlen. Aber als Konstantin einen Lohn für die Gemeindeleiter anbot, überlegte es sich die Kirche anders und entschied, den Lohn anzunehmen. Die Kirche begann zu verkündigen, dass eine neue Zeit für das Christentum angebrochen war, und dass die alte

---

[156] Eusebius, Kirchengeschichte, 10. Buch, Kp 5+7
[157] Eusebius, Vier Bücher über das Leben des Kaisers Konstantin, 2. Buch, Kp 44; 4. Buch, Kp 56

Methodik nicht mehr bindend war. Christen redeten sich ein, dass Gott die Regeln geändert hatte. Eusebius schrieb: „Betrachtet man dies, dann könnte man wahrlich sagen, es müsse jetzt ein ganz neues und frisches Leben sich gezeigt haben, da dem Menschengeschlechte nach tiefer Finsternis ein außergewöhnliches Licht aufleuchtete; unbestritten sei das Ganze Gottes Werk, der der Rotte der Gottlosen den gottgeliebten Kaiser als Widersacher entgegengestellt habe."[158]

Wo er beschreibt, wie Gemeindeleiter in die Privaträume des Kaisers eingeladen wurden und gesellschaftlich mit ihm verkehrten, klingt Eusebius eher wie ein schwärmendes Kind als wie ein reifer Gemeindeleiter: „Mitten zwischen ihnen [den Leibwächtern] konnten aber furchtlos die Gottesmänner hindurch gehen und bis ins Innerste des Palastes gelangen. Da nun lagen die einen auf demselben Polster zu Tisch wie der Kaiser, während die andern auf Polstern zu beiden Seiten ruhten. Leicht hätte man das für ein Bild vom Reiche Christi halten oder wähnen können, es sei alles nur ein Traum und nicht Wirklichkeit."[159]

Die äußerste Mauer war durchbrochen worden. Die Kirche setzte Veränderung nicht mehr mit Verfälschung gleich. Stattdessen begann die Kirche zu glauben, dass das Christentum sich noch verbessern könnte. Vielleicht war das apostolische Christentum gar nicht der Höhepunkt des Christentums, sondern erst der Anfang. Die Möglichkeit neuer, besonderer Offenbarung wurde akzeptiert. Christen bezogen Haggais Prophezeiung über den

---

[158] Eusebius, Vier Bücher über das Leben des Kaisers Konstantin, 3. Buch, Kp 1 (Text nach BKV)

[159] Eusebius, Vier Bücher über das Leben des Kaisers Konstantin, 3. Buch, Kp 15 (Text nach BKV)

wieder aufgebauten Tempel nun auf die Kirche: „Größer wird die Herrlichkeit dieses künftigen Hauses sein als die des früheren" (Haggai 2,9).[160] Die Kirche war bereit für einen neuen Aufschwung.

Wie Freundschaft mit der Welt die Kirche ruinierte

Die nächste Schutzmauer war die Trennung der Kirche von der Welt, und diese Mauer wurde auch bald niedergerissen. Die Kirche war wie ein naives junges Mädchen, das sich Hals über Kopf in einen konkurrierenden Freier verliebt. Die Welt wollte sich mit der Kirche anfreunden, und die Kirche fand nichts dabei, die Freundschaft zu erwidern. Zum ersten Mal in der Geschichte hatte es gesellschaftlichen Prestigewert, Christ zu sein. Christen wurden bevorzugt bei der Ernennung zu Regierungsämtern.

Aber die Freundschaft der Welt zerstörte das innerste Wesen der Kirche. Sobald Konstantin begann, durch Gesetzeserlässe die römische Gesellschaft zu „christianisieren", verschwamm die Trennlinie zwischen Christen und Nicht-Christen. In der Vergangenheit hatte es wenig außer einem wahren Glauben an Gott gegeben, was die Kirche für eine Person attraktiv machen konnte. Scheinbekehrte wurden entlarvt, sobald sie ihre Kreuze hätten aufnehmen müssen. Unbekehrte Menschen waren eine kleine Minderheit in der Kirche. Aber jetzt, wo das Christentum sich gesellschaftlich lohnte, strömten die Menschen scharenweise in die Kirche. Ohnehin geistlich schwach, war die Kirche einfach

---

[160] Eusebius, Kirchengeschichte, 10. Buch, Kp 4

nicht in der Lage, eine so große Masse neu „Bekehrter" zu assimilieren. Es dauerte nicht lange, bis die Bezeichnung „Christ" bedeutungslos wurde. Es bedeutete bloß, dass eine Person ein bestimmtes Glaubensbekenntnis bejahte und an verschiedenen christlichen Riten wie der Taufe teilgenommen hatte. Es bedeutete nicht mehr, dass das Leben verändert war.

Eine sofortige Auswirkung der Freundschaft der Kirche mit der Welt war, dass sie begann, die Methoden der Welt zu übernehmen. Dies war unvermeidlich, weil die Welt nicht göttlich handeln kann. Göttliches Handeln erfordert göttliche Kraft. Und Massen von unbekehrten Menschen, die sich „Christ" nennen, haben keine göttliche Kraft. Noch wollen sie überhaupt göttlich handeln, weil göttliches Handeln Geduld, Leidensbereitschaft und absolutes Gottvertrauen erfordert.

Hütet euch, uns zu verfolgen!

Zuerst schienen die innovativen Methoden der Welt effektiver als die alten Methoden. Die Kirche änderte zum Beispiel ihre Strategie, mit Verfolgung und Unterdrückung seitens der Regierung fertig zu werden. In der Vergangenheit hatten Christen einfach versucht, vor Verfolgung zu fliehen oder sich zu verstecken. Sie weigerten sich, ihre Verfolger physisch zu bekämpfen oder Rache zu üben. Aber die Massen von unbekehrten Personen, die die Kirche jetzt bevölkerten, hatten gar nicht vor, Tod, Folter oder Unterdrückung einfach hinzunehmen.

Als Konstantins Sohn zum Beispiel einen seiner Generäle nach Konstantinopel schickte, um den dortigen Bischof abzusetzen, bildete die dortige Gemeinde eine Bande. Während der General in der Nacht schlief, setzte die Bande seine Unterkunft in Brand. Als er endlich aus dem Haus rannte, benommen und hustend vor Rauch, stürzten sie sich auf ihn. Dann schleppten sie ihn durch die kopfsteingepflasterten Straßen der Stadt und schlugen ihn brutal zu Tode.[161] Dies war kein isolierter Fall; es war die normale Antwort der Kirche im 4. Jahrhundert auf Unterdrückung durch die Regierung. Der Charakter des Christentums hatte sich verändert!

Ketzer zum Schweigen bringen

Die Welt hatte auch andere Mittel, um mit Ketzern fertig zu werden. Konstantin überlegte sich, dass die Kirche viel gesünder wäre, wenn es keine Ketzer gäbe, die die Menschen irreführen könnten. Also versuchte er, durch Verwendung seiner Kaisersmacht jegliche Ketzerei zu unterbinden, indem er folgendes Edikt erließ:

„Erkennet nun durch diesen Erlaß, ihr Novatianer, Valentinianer, Markionisten, Paulianer und ihr, die ihr nach den Phrygiern zubenannt seid, kurz alle, die ihr durch eure besonderen Versammlungen die Sekten bildet, ... so groß und so unermeßlich sind eure Torheiten, so abscheulich und so ganz und gar unmenschlich, daß auch ein ganzer Tag nicht hinreichen würde, sie zu beschreiben. ... Da also dieses Unheil, das eure Verderbtheit verursacht, unmöglich länger ertragen werden kann, so schreiben wir durch dieses Gesetz vor, daß keiner von euch es fortan mehr

---

[161] Sokrates, Kirchengeschichte, 2. Buch, Kp 13; ebenso 1. Buch, Kp 24

wage, Zusammenkünfte zu veranstalten. Darum haben wir auch den Befehl gegeben, eure Häuser, in denen ihr diese Zusammenkünfte haltet, wegzunehmen, und so weit geht unsere Sorge, daß nicht nur nicht öffentlich, sondern nicht einmal in einem Privathaus oder an Privatorten Versammlungen von euch abergläubischen Toren abgehalten werden dürfen."[162]

Vor wenigen Jahrzehnten war es ein Verbrechen gewesen, Christ zu sein. Jetzt war es ein Verbrechen, Ketzer zu sein. Die Kirche akzeptierte diese Entwicklung ohne Protest. Wie viel einfacher war es, Ketzer durch die Autorität des Staates zum Schweigen zu bringen als durch langwierige Argumente!

Aber bald bezeichneten große Segmente der Kirche einander als Ketzer und gingen mit dem Schwert auf einander los. Schließlich wurden weit mehr Christen – hundertmal mehr – durch das Schwert der Kirche umgebracht, als jemals durch die Römer.

Wie traurig, dass zum Beispiel im Jahre 639 viele Christen in Ägypten die einfallenden muslimischen Armeen sogar als Befreier begrüßten, weil sie von den Muslimen besser behandelt wurden als von ihren Mitchristen.

Evangelisation durch bestechende Architektur

Ursprünglich hielten die Christen ihre Versammlungen in Privathäusern (Römer 16,5). Als die Gemeinden wuchsen, bauten sie Häuser in Versammlungsstätten um, die sie „Gebetshäuser" nannten. Niemand wurde durch die Architektur der Gebäude zu

---

[162] Eusebius, Vier Bücher über das Leben des Kaisers Konstantin, 3. Buch, Kp 64+65 (Text nach BKV)

der frühen Kirche hingezogen, sondern von ihren Lehren und dem göttlichen Lebensstil der Menschen in der Kirche. Aber Konstantin überlegte, dass viele Menschen vom Christentum angezogen werden würden, wenn die Kirchengebäude imposanter wären. Also ließ er auf Staatskosten prachtvolle Kirchen bauen, die den herrlichen heidnischen Tempeln in nichts nachstanden. Die neuen Kirchengebäude waren mit beeindruckenden Säulengängen und gewölbten Decken geschmückt. Viele hatten schöne Brunnen und elegante Marmorböden. Konstantin wollte es einem Nicht-Christen schwer machen, an einer Kirche vorbei zu gehen, ohne versucht zu sein, wegen der schönen Architektur einen Blick hinein zu wagen.[163]

Seine Idee funktionierte blendend. Heiden wurden von den prachtvollen Kirchengebäuden angelockt, und tausende von ihnen „bekehrten" sich daraufhin.

Das Kreuz nicht tragend, sondern vermarktend

Als nächstes kam auch Konstantins Mutter Helene ins Spiel. Nach Anweisungen, von denen sie sagte, Gott habe sie ihr im Traum gegeben, reiste sie nach Jerusalem und behauptete, das Grab Jesu gefunden zu haben. Sie sagte auch, dass sie im Grab drei Kreuze fand, aber nicht wusste, welches von Jesus war. Also wurden die drei Kreuze zu einer sterbenskranken Frau gebracht, die angeblich sofort geheilt wurde, als sie das wahre Kreuz Jesu berührte.[164] Dies löste eine Welle von Reliquienmanie aus. Inner-

---

[163] Eusebius, Kirchengeschichte, 10. Buch, Kp 4

[164] Sokrates, Kirchengeschichte, 1. Buch, Kp 17

halb kürzester Zeit tauchten Reliquien überall auf: Knochen der Propheten, Stücke vom Kreuz, Kleidung der Apostel und so weiter. Tausende Menschen wurden angeblich durch das Anschauen oder Berühren dieser Reliquien geheilt. Schließlich wurden Reliquien sogar von Straßenhändlern angeboten, die ein lukratives Geschäft damit machten.

Ende des 6. Jahrhunderts bat eine adelige Dame Gregor, den Bischof von Rom, ihr den Schädel des Apostels Paulus zu senden, um ihn in eine Kirche zu stellen, die sie Paulus zu Ehren erbauen ließ. Gregor erwiderte in einem Brief an sie: „[Es schmerzt] mich nicht wenig, daß Ihr Etwas befehlet, was ich weder thun kann, noch zu thun wage. Denn die Leiber der hl. Apostel Petrus und Paulus glänzen durch so große Wunder und schreckenerregende Ereignisse in ihren Kirchen, daß man selbst zum Gebet nur mit großer Furcht sich ihnen nähern kann."[165] Gregor erzählte weiter, wie ein Priester tot umgefallen war, als er versehentlich versuchte, Paulus' Gebeine von der Stelle zu bewegen.

In seinem Brief schrieb Gregor weiter: „Möge Unsre allergnädigste Herrin erfahren, es sei zu Rom nicht Sitte, daß man Etwas vom Leibe der Heiligen zu berühren wage, wenn man Reliquien von ihnen hergibt. Man legt nur ein Stückchen Tuch in eine Kapsel und stellt sie auf die hochheiligen Gräber. Sodann wird sie aufgehoben und in der zu weihenden Kirche mit gebührender Ehrfurcht eingeschlossen. Es geschehen dann dort die gleichen Wunder, als ob die Leiber der Heiligen selbst über-

---

[165] Gregor der Große, Ausgewählte Briefe, Viertes Buch. Briefe aus den Jahren 593—594. IX. (30.) An die Kaiserin Constantina. (Text nach BKV)

sendet worden wären."[166] Gregor beschrieb dann wie ein römischer Bischof ein Stück von einem solchen gesegneten Stoff mit einer Schere schnitt, und dass vom Stoff Blut geflossen sei.

Der Weg zu eines Heiden Herzen geht durch seinen Magen

Wenige Anlässe waren für das gemeine römische Volk attraktiver als Feste. Es war ein Brauch der frühen christlichen Gemeinden gewesen, an die lokalen Märtyrer mit einem „Liebesmahl" und einem Gedenkgottesdienst am Jahrestag ihres Todes zu gedenken. Innovative Christen kamen nun auf die Idee, Ungläubige für die Kirche zu gewinnen, indem sie diese Märtyrerfeste in festliche öffentliche Feiern verwandelten. Diese Idee funktionierte prächtig, und bald wurden ganze Dörfer dadurch „bekehrt".

Ist Wachstum ein Zeichen von Gottes Segen?

Nachdem die Kirche sich für Veränderungen geöffnet hatte, wie konnte sie wissen, ob Gott diese Veränderungen genehmigte? Sie dachte, die Antwort darauf sei einfach, und glaubte fälschlicherweise, dass Wachstum automatisch Gottes Zustimmung bedeutet. In den ersten drei Jahrhunderten war das Christentum schon schnell gewachsen, aber nach der Bekehrung Konstantins wuchs es exponentiell. Zur Zeit des Toleranzedikts von Mailand (313 n. Chr.) gehörte wohl ein Zehntel des

---

[166] Gregor der Große, Ausgewählte Briefe, Viertes Buch. Briefe aus den Jahren 593—594. IX. (30.) An die Kaiserin Constantina. (Text nach BKV)

Römischen Reiches dem Christentum an. Aber das war nach dreihundert Jahren. Weniger als hundert Jahre nach dem Edikt von Mailand waren fast die ganzen restlichen 90 Prozent „bekehrt". Die Kirche glaubte, dass dieses schnelle Wachstum ein sicheres Zeichen von Gottes Zustimmung war. Nachdem sie diesen Grundsatz akzeptiert hatte, übernahm die Kirche bald fast jede Methodik, die zu Wachstum führte, einschließlich der Verwendung von Ikonen in der Anbetung – eine Praxis, die die frühen Christen absolut verabscheuten.

Zwei der Schutzmauern um das frühe Christentum standen nun in Ruinen. Nur zwei blieben: (1) Das Weiterleiten von Fragen an apostolische Gemeinden und (2) die Unabhängigkeit jeder örtlichen Gemeinde. Konstantin riss völlig unbewusst diese beiden Mauern mit einem einzigen Ereignis nieder: dem Konzil in Nizäa.

14. Die restlichen Barrieren zerbröseln

Wie schon erwähnt war die Kirche des frühen 4. Jahrhunderts von Streitereien und Lehrverschiedenheiten geprägt. Die hitzigste Debatte betraf den Ursprung und das Wesen des Sohnes Gottes. Die Kontroverse begann wegen einer hypothetischen Frage, die Alexander, Bischof von Alexandria, seinem Ältestenrat stellte. Arius, einer der Ältesten (Presbyter), äußerte einige unorthodoxe Ansichten zu der Frage, und Alexander und Arius waren bald mitten in einem hitzigen Argument. Ihr Disput zog gleich die ganze Gemeinde in Mitleidenschaft, und schließlich auch viele andere Gemeinden.

Konstantin machte sich bald Sorgen, dass diese Spaltung in der Kirche Gott dazu veranlassen könnte, dem Römischen Reich seinen Segen zu entziehen. Nachdem die alten Methoden der Kirche die Kontroverse nicht auflösen konnten, schlug Konstantin einen neuen Ansatz vor: Ein kirchenweites Konzil mit Vertretern jeder Ortsgemeinde im ganzen Reich. Obwohl es in der Vergangenheit auch schon Treffen von Gemeindeleitern gegeben hatte, waren solche Konzilien immer viel kleiner und regionaler gewesen. Ein kirchenweites Konzil war etwas aufregend Neues.

Die gesamte Kirche war in heller Aufregung. Die verschiedenen Gemeindevertreter reisten auf Staatskosten nach Nizäa, in der heutigen Türkei. Der Staat kam auch für die Unterkunft, Verpflegung und Unterhaltung der Vertreter in Nizäa auf. Konstantin persönlich übernahm den Vorsitz für die zwei Monate dauernde Konferenz und nahm aktiv an den Diskussionen teil. Er beeindruckte die Gemeindeleiter bald mit seinen Führungsqualitäten. Konstantin überredete die Gruppe, ein kirchenweites Glaubensbekenntnis zu verfassen, das die göttliche Natur des Sohnes ausdrücklich festhalten sollte. Dies war eine ziemlich neue Idee, weil jede Gemeinde bis dorthin ein eigenes Glaubensbekenntnis verwendet hatte.

Konstantin selber schlug die Formulierung für das neue kirchenweite Glaubensbekenntnis vor. Um Arius' Ansicht auszuschließen, argumentierte Konstantin für die Verwendung des griechischen Wortes *homoousios*, um die Beziehung von Jesus und seinem Vater zu beschreiben. Dieses Wort wird zu Deutsch meist mit „eines Wesens" wiedergegeben. Wie es beim Konzil von Nizäa verwendet wurde, entsprach das Wort genau dem Glauben der frühen Christen. Mehrere vornizäische christliche Schreiber hatten sogar diesen Begriff verwendet, um die Gottheit des Sohnes zu beschreiben. Aber das Wort kommt nirgends in der Bibel vor, und es wurde auch nie in den frühen örtlichen Glaubensbekenntnissen verwendet.

Nichtsdestotrotz: Auf Grund von Konstantins Überredungskünsten unterschrieben schließlich alle Gemeindevertreter in Nizäa das neue Glaubensbekenntnis, bis auf fünf. Konstantin schickte daraufhin die fünf, die nicht unterschreiben wollten, ins Exil, darunter auch Arius.[167] Konstantin befahl: „Wenn irgendein von Arius verfasstes Traktakt entdeckt werden sollte, werde es den Flammen übergeben, damit nicht nur seine verdorbene Lehre unterdrückt werde, sondern damit auch auf keine Weise eine Erinnerung an ihn bleibe. Darum verfüge ich, dass falls jemand

---

[167] Sokrates, Kirchengeschichte, 1.Buch, Kp 8

gefunden wird, der ein Buch von Arius verbirgt und es nicht umgehend übergibt und verbrennt, für dieses Vergehen mit dem Tod bestraft werde."[168]

Konstantin wies das nizäische Konzil an, auch andere Schritte zu unternehmen, um zukünftige Kirchenkontroversen und Spaltungen zu vermeiden. Er meinte, dass die Kirche stärker wäre, wenn sie mehr wie die römische Regierung organisiert wäre. Also wurde jedem Bischof eine Diözese (eine Verwaltungseinheit der römischen Regierung) als Zuständigkeitsbereich zugeteilt.

Das Konzil verfasste auch Gesetze, die bestimmten Bischöfen, genannt Metropoliten, ausdrücklich Autorität über andere Gemeinden gaben. Zum Beispiel war der Bischof von Alexandria für alle Gemeinden in Ägypten und Libyen zuständig. Das Konzil verfügte weiter, dass keine neuen Bischöfe ohne die Zustimmung des Metropoliten eingesetzt werden durften. Die Metropoliten waren im Allgemeinen die Bischöfe der großen Städte im Römischen Reich. Bald wurden diese Metropoliten so betrachtet, als ob sie eine Erbautorität von Gott hätten, etwa wie die Apostel. Gehorsam ihnen gegenüber war verpflichtend.[169]

Aber das nizäische Konzil hörte damit noch nicht auf. Weitere Gesetze wurden in dem Versuch erlassen, Einheit in der gesamten Kirche zu schaffen. Zum Beispiel verordnete das Konzil, dass alle Christen sonntags beim Gebet stehen bleiben müssen, sowie beim Gebet während der 50 Tage zwischen Ostersonntag und Pfings-

---

[168] Sokrates, Kirchengeschichte, 1.Buch, Kp 9 (aus dem Englischen übersetzt)

[169] Bekenntnis von Nicäa, Kanones 6+7 (siehe: http://de.wikipedia.org/wiki/Erstes_Konzil_von_Nic%C3%A4a#Kanones_des_Konzils)

ten.[170] Kurz gesagt zerstörten die Anweisungen von Nizäa die Unabhängigkeit der individuellen Gemeinden. Theologische Veränderungen, oder auch andere Innovationen, würden sich nicht mehr nur langsam von einer einzelnen Gemeinde an eine andere einzelne Gemeinde ausweiten. Ein kirchenweites Konzil konnte in Tagen das schaffen, was früher Jahrhunderte gebraucht hätte.

Schließlich proklamierte Konstantin, dass das neue Nizäische Glaubensbekenntnis von Gott inspiriert war: „Das, was sich selbst dem Urteil von 300 Bischöfen empfahl, kann nichts anderes als die Lehre Gottes sein; zumal der Heilige Geist in den Gedanken so vieler würdiger Personen wohnt und diese tatsächlich erleuchtet hat bezüglich seines göttlichen Willens."[171] Sogar die Überzeugung, dass es nach der Zeit der Apostel keine neue besondere Offenbarung mehr geben würde, war zerstört.

Die Nachwirkungen von Nizäa

Von einem menschlichen Standpunkt aus schien es, dass Konstantin etwas absolut Wunderbares erreicht hatte. Die Kirche würde nie wieder durch Kontroversen und spalterische Tendenzen geteilt sein! Die Vertreter in Nizäa frohlockten über ihre gewaltigen Leistungen. Aber ihr Frohlocken war von kurzer Dauer. Dreihundert Jahre Ultra-Konservatismus konnten so schnell nicht aufgelöst werden. Als die Bischöfe zu ihren Gemeinden zurückkehrten, und als die Gemeinden etwas nüchterner über

---

[170] Bekenntnis von Nicäa, Kanon 20

[171] Sokrates, Kirchengeschichte, 1.Buch, Kp 9 (aus dem Englischen übersetzt)

die Erlässe von Nizäa nachdachten, entwickelte sich bald eine konservative Gegenbewegung. Wegen dieser Opposition fand Eusebius sich genötigt, seiner eigenen Gemeinde eine lange Erklärung abzugeben, um seine Unterschrift unter diese Dokumente zu rechtfertigen.[172]

Konservative setzten Veränderung noch mit Verfälschung gleich, und es störte sie, dass das nizäische Glaubensbekenntnis einen Begriff enthielt, der nicht in der Bibel war. Auch störte sie die Tatsache, dass die örtlichen Glaubensbekenntnisse, die jahrhundertelang verwendet worden waren, jetzt abgeschafft wurden. Als sich schließlich diverse Ketzer hinter dem nizäischen Glaubensbekenntnis versteckten, um ihre unorthodoxen Ansichten verbreiten zu können, begannen Konservative darauf zu bestehen, dass das Bekenntnis klarer formuliert oder erweitert werden sollte, um genauer zu erklären, was Christen immer geglaubt hatten.

Vielleicht wäre es dieser Gegenbewegung gelungen, die Flut der Veränderungen aufzuhalten, die die Kirche bedrohten, wenn ein Mann nicht so hartnäckig und geschickt gewesen wäre: Athanasius. Er war Diakon in der Gemeinde in Alexandria zum Zeitpunkt der Kontroverse über Arius gewesen, und er war auch beim Konzil, obwohl er dort keine prominente Rolle spielte. Das nizäische Glaubensbekenntnis war dazu gedacht, einfach festzuhalten, was die frühe Kirche schon immer über die Person Jesu gelehrt hatte, und Athanasius' ursprüngliche Absicht war offenbar auch, frühchristliche orthodoxe Theologie aufrecht zu erhalten.

---

[172] Sokrates, Kirchengeschichte, 1.Buch, Kp 8

Aber mit der Zeit wurde Athanasius das Aufrechterhalten des Glaubensbekenntnisses wichtiger als das Aufrechterhalten frühchristlicher Rechtgläubigkeit. Er wurde von dem Gedanken besessen, dass das Bekenntnis in keiner Weise geändert werden darf, egal wie orthodox eine solche Änderung sein möge. Er behauptete, dass das Bekenntnis von Gott inspiriert war, was es auf dieselbe Stufe wie die Bibel stellte. Obwohl er anfangs für den rechten Glauben kämpfte, widersprach er schlussendlich vielen Lehren der frühen Kirche zu verschiedenen Themen, und am Ende folgte ihm der Großteil der Kirche nach.

Bekenntnisse und mehr Bekenntnisse

Nizäa brachte nicht die kirchenweite Einheit, die Konstantin erhofft hatte. Eigentlich gab es mehr Spaltung und Streit *nach* Nizäa als vorher. Die zwei Jahrhunderte nach Konstantins Bekehrung waren von endlosen theologischen Argumenten, Streitereien und großen Spaltungen in der Kirche geprägt. Christen griffen zum Schwert und begannen, einander wegen Lehrverschiedenheiten brutal zu schlachten. Während der Stoff des Christentums ausgeblichener und zerrissener wurde, verlegte sich die Betonung immer mehr vom christlichen Lebensstil weg, hin zum christlichen Dogma.

Aus diesen Streitigkeiten tauchten geistliche Führer auf, die große Prominenz in der Kirche erlangten und schließlich die eigentlichen „Väter" der christlichen Theologie wurden. Es gab mehr Konzilien und mehr Glaubensbekenntnisse. Die Argumente gingen einmal um Jesus, dann um den Heiligen Geist, dann wieder um Jesus. Als die Jahre vergingen, behaupteten immer mehr Menschen, neue Offenbarungen von Gott zu haben. Gregor von Nazianz, eine führende Figur in der Debatte um den Heiligen Geist, schrieb: „Das Alte Testament verkündete den Vater offen und den Sohn eher verborgen. Das Neue [Testament] offenbarte den Sohn und deutete die Gottheit des Geistes an. Nun wohnt der Geist selbst unter uns und stattet uns mit einer klareren Demonstration seiner selbst aus. Denn es war nicht sicher, als die Gottheit des Vaters noch nicht anerkannt war, offen den Sohn zu verkündigen. Noch, als die [Gottheit] des Sohnes noch nicht angenommen war, uns darüber hinaus (wenn ich es so kühn ausdrücken darf) mit dem Heiligen Geist zu belasten."[173]

Die einfache, eher flexible Theologie der frühen Kirche wich bald rigiden, dogmatischen Glaubensbekenntnissen. Diese Glaubensbekenntnisse ersetzten schließlich die Bibel als die erste Autorität für kirchliche Lehre. Mit jedem ökumenischen Konzil wurden mehr außerbiblische Begriffe dem Kirchendogma zugefügt. In den meisten Fällen war die Absicht hinter den Bekenntnissen angeblich nur, mit anderen Worten das zu sagen, was die Kirche schon immer geglaubt hatte. Schlussendlich trugen sie aber zu einer Verfälschung der apostolischen christlichen Lehre bei.

Ein herausragendes Beispiel hierfür ist die Erklärung des Konzils von Ephesus, 431 n. Chr. Dieses Konzil erklärte für verflucht all jene, die Maria nicht als die „Mutter Gottes" (griechisch:

---

[173] Gregor von Nazianz, Über den Heiligen Geist, Kp 26 (aus dem Englischen übersetzt)

Theotokos) bekennen.[174] Obwohl die Befürworter dieses theologischen Titels behaupteten, dass der Begriff Maria nicht deifizieren sollte, *hat* die Erklärung Maria deifiziert in den Augen des gemeinen Volkes. In manchen Teilen der Welt beten heute mehr Menschen zu Maria als zum Vater.

Athanasius, Gregor von Nazianz und andere führende Figuren ihrer Zeit legten das Fundament für das Konzil von Ephesus. Sie legten auch das Fundament für den Mann, der die ursprünglichen Lehren der Kirche radikal verändern würde. Dieser Mann, der im letzten Viertel des 4. Jahrhunderts schrieb, wurde schließlich der einflussreichste christliche Lehrer aller Zeiten – noch einflussreicher als die Apostel selber.

---

[174] Konzil von Chalkedon

15. Der einflussreichste Christ aller Zeiten

Ich behaupte nicht leichtfertig, dass Augustinus, Bischof von Hippo im 4. Jahrhundert, der einflussreichste christliche Lehrer aller Zeiten war - zumindest was das abendländische Christentum angeht. Er hat letztlich mehr Einfluss auf die westliche Kirche erlangt als die Apostel selbst, denn die Kirche im Westen hat die Apostel durch seine Augen gelesen. In der Tat wird Augustinus fast überall als *der* Vater der westlichen Theologie anerkannt.

Nicht ohne Grund wurde Augustinus' Einfluss auf die Theologie so ungeheuer groß. Bevor er Christ wurde, war er Lehrer der Rhetorik in Wort und Schrift. Als Bischof bediente er sich dieser Fertigkeiten. Niemand in der westlichen Kirche war imstande, seine Argumentation zu widerlegen. Bereits zu seinen Lebzeiten wurde er in praktisch allen Fragen von Lehre und Moral die theologische Autorität des Abendlandes. Eine bemerkenswerte Eigenschaft von Augustinus war, dass er eine abendländische Logik gebrauchte, was viele der anderen frühchristlichen Schreiber nicht taten. Der moderne westliche Mensch kann der Logik des Augustinus normalerweise folgen. Dasselbe kann über die Logik der vornizäischen Schreiber nicht immer gesagt werden.

Nun ist es aber so, dass das Neue Testament aber nicht von westlich-abendländisch, sondern von östlich-hellenisch denkenden Menschen geschrieben wurde. Augustinus selber beherrschte die griechische Sprache nicht. Dies ist von großer Bedeutung, denn Griechisch ist die Sprache des Neuen Testaments und auch der überwältigenden Mehrheit aller frühchristlichen Schriften.

Vielleicht entfernte sich Augustinus gerade deswegen in so vielen Bereichen vom frühen Christentum – mehr als irgendein anderer christlicher Lehrer seiner Zeit. Es ist wirklich schade, dass er so einen so brillanten Verstand hatte, denn durch seine Genialität zog er die gesamte westliche Kirche mit sich mit.

Die Liste der Lehren und Gebräuche, die Augustinus entweder initiierte oder durch seine Autorität festigte, ist beeindruckend lang. Im Folgenden nur eine unvollständige Aufzählung seiner Lehren:

- Dass Maria von Geburt an und während ihres gesamten Lebens ohne Sünde blieb.[175]

- Dass ungetaufte Kinder auf ewig verdammt sind.[176]

- Dass Sex innerhalb der Ehe eine grundsätzlich verderbliche Handlung ist.[177]

- Dass Krieg heilig sein kann.[178]

- Dass es kein Millennium im wörtlichen Sinne geben wird.[179]

---

[175] Augustinus, Über die Natur und die Gnade, Kp 42 – (Die meisten Titel seiner Werke sind aus dem Englischen übersetzt, die Kapitelangaben entsprechen den englischen Ausgaben)

[176] Augustinus, Über die Vergebung von Sünden und die Taufe von Kindern, 1.Buch, Kp 21

[177] Augustinus, Enchiridion, Kp 36 und 34

[178] Augustinus, Über den Gottesstaat, 1. Buch, Kp 21

[179] Augustinus, Über den Gottesstaat, 20. Buch, Kp 7

- Dass es außerhalb der Katholischen Kirche keine Vergebung der Sünden gibt.[180]
- Dass manche Praktiken und Lehren der Apostel nicht mehr für Christen gelten, weil die Apostel in einem anderen Zeitalter lebten.[181]
- Dass es ein Fegefeuer gibt.[182]
- Dass die Toten vom Eucharistischen Opfer profitieren können.[183]
- Dass es für einen „christlichen" Staat richtig ist, Irrlehrer zu verfolgen.[184]

Bezüglich der letzteren Aussage schrieb Augustinus:

„Lasst alle zum Heil gerufen werden. Lasst alle zurückgerufen werden vom Pfade des Verderbens. Sei es durch die Verkündigung katholischer Prediger; sei es durch die Verordnungen Katholischer Fürsten. Die einen, weil sie den Warnungen Gottes gehorchen, die anderen, weil sie den Befehlen des Kaisers gehorchen. ... König Nebukadnezar ... als er durch ein Wunder Gottes bekehrt wurde, hat um der Wahrheit Willen ein gerechtes und lobenswertes Gesetz in Kraft gesetzt: Dass jeder, der irgendetwas Abfälliges gegen den wahren Gott, den Gott von

---

[180] Augustinus, Enchiridion, Kp 65; Über die Ehe und die Lüsternheit

[181] Augustinus, Die Zurechtweisung der Donatisten, Kap 5

[182] Justo L. Gonzales, A History of Christian Thought Vol. 2 (Nashville: Abingdon Press, 1970) S 53; Earle E. Cairns, Christianity Through the Centuries (Grand Rapids; Zondervan Publishing House, 1954), S 161

[183] Augustinus, Enchiridion, Kp 110

[184] Augustinus, Die Zurechtweisung der Donatisten, Kp 2

Schadrach, Meschach und Abednego, reden sollte, zusammen mit seiner Familie völlig ausgelöscht werden sollte.

Wenn die wahre Kirche jene ist, die gegenwärtig Verfolgung leidet, und nicht jene, die diese verursacht (wie manche sagen), lasst sie den Apostel fragen, welche Kirche Sarah darstellte, als sie ihre Magd verfolgte. Denn [der Apostel] sagt, dass unser aller freie Mutter, das himmlische Jerusalem – welches die wahre Kirche Gottes ist – vorausgeschattet wurde durch diese Frau [Sarah], die ihre Magd grausam behandelte. Wenn wir die Geschichte jedoch näher untersuchen, finden wir heraus, dass es eigentlich die Magd war, die Sarah durch ihre Überheblichkeit verfolgte. ... [Sarah] hat sie für ihre Überheblichkeit nur in angemessener Weise bestraft.

Ich frage nochmals, wenn gute und heilige Menschen niemals jemanden verfolgen, sondern nur selbst Verfolgung erleiden, wessen Worte sind diese in den Psalmen, wo wir lesen: „Ich habe meine Feinde verfolgt und überwunden. Ich bin nicht umgekehrt, ehe sie vernichtet waren?" Wenn wir also die Wahrheit verkünden oder anerkennen wollen, so gibt es eine Verfolgung der Ungerechtigkeit, welche die Unheiligen der Kirche zufügen, und es gibt eine gerechte Verfolgung, welche die Kirche Christi den Unheiligen zufügt. Darüber hinaus übt die Kirche Verfolgung im Geist der Liebe aus, jene aber im Geist des Zorns. ...

Was bewirkt nun die brüderliche Liebe? Lässt sie etwa aus Angst vor dem kurzlebigen Feuer des Ofens für einige, alle in die ewigen Feuer der Hölle gehen?"[185]

---

[185] Augustinus, Die Zurechtweisung der Donatisten, Kp 2

Wahrscheinlich fällt es Ihnen gar nicht schwer, in Augustinus den Vater der Römisch- Katholischen Kirche zu sehen, aber es wird Sie wahrscheinlich überraschen zu hören, dass er auch der Vater der protestantischen Reformation war.

Das Newtonsche Gesetz der Theologie

Sir Isaac Newton machte die Beobachtung, dass es für jede Aktion eine gleich starke aber entgegengesetzte Reaktion gibt. Traurigerweise scheint dies genauso für die Theologie wie für die Physik zu gelten. Für jeden Irrlehrer, der sich von der wahren Lehre wegbewegt, gibt es einen „orthodoxen" Lehrer, dessen Reaktion darauf genauso weit ins entgegen gesetzte Extrem geht. Unglücklicherweise zieht der „orthodoxe" Lehrer fast unvermeidbar die gesamte Kirche mit sich. Dies bewirkt, dass der Irrlehrer es tatsächlich schafft, die Kirche zu verführen, allerdings in eine andere Richtung, als er wollte.

Ein klassisches Beispiel dafür findet sich in der Konfrontation zwischen Augustinus und Pelagius, einem britischen Mönch. Um 400 n. Chr. war die Kirche zu einer Gruppe von Menschen geworden, die sich sonntags trafen und gewisse Bekenntnisse und Glaubenssätze aufsagen konnten. Diese Menschen hatten größtenteils keine echte Beziehung zu Gott. Die Kirche war geistlich leblos. Um dieser geistlichen Laschheit entgegen zu wirken, reiste Pelagius durch die Gemeinden und predigte eine nüchterne Botschaft von Umkehr und Heiligkeit. Er betonte die Verantwortlichkeit des Einzelnen vor Gott für seine persönlichen Sünden. Einer seiner Jünger, Celestius, begann zu lehren, dass

Menschen theoretisch sündlos leben und sich dadurch selbst retten könnten, ohne Gottes Gnade oder das Blut Jesu zu brauchen. Seine Argumentation sah ungefähr so aus:

Wir sind alle fähig, irgendein bestimmtes Gebot Gottes für einen Tag einzuhalten. Zum Beispiel können wir es alle für mindestens einen Tag vermeiden, zu lügen oder zu begehren oder zu stehlen oder Gottes Namen nichtig zu gebrauchen. Wenn wir fähig sind, diese Gebote für einen Tag einzuhalten, dann sind wir auch fähig, sie für zwei Tage einzuhalten. Wenn wir sie für zwei Tage einhalten können, können wir sie auch für eine Woche einhalten, und so weiter. Celestius' Schlussfolgerung war, dass wir fähig sind, Gottes Gebote jeden Tag unseres ganzen Lebens einzuhalten. Folglich sind wir alleine für unsere Sünden verantwortlich, und wir können unseren Ungehorsam nicht auf Adam oder eine Erbschwachheit des Fleisches schieben.[186]

Obwohl dieses Argument logisch klingt, birgt es einen Fehler. Nur weil etwas in begrenztem Ausmaß möglich ist, heißt das noch lange nicht, dass es auch in unbegrenztem Ausmaß möglich wäre. Wenn jemand zum Beispiel 3 Kilometer laufen kann, folgt nicht automatisch daraus, dass er auch 300 Kilometer laufen könnte. Ich kann drei Minuten lang mit einer Geschwindigkeit von 75 Wörtern fehlerfrei tippen. Nach Celestius' Logik sollte ich also auch drei Tage lang mit dieser Geschwindigkeit fehlerfrei tippen können, was ich aber natürlich nicht kann.

Gleichzeitig waren manche seiner Lehren nicht so weit von den Lehren der frühen Christen entfernt. Wie wir bereits gesehen

---

[186] Augustinus, Über die Natur und die Gnade, Kp 8 und 49

haben, glaubten auch sie, dass jeder für seine eigenen Sünden verantwortlich ist, und dass wir fähig sind, Gott zu gehorchen. Dennoch erkannten sie an, dass wir alle von Gottes Gnade abhängig sind, die uns errettet und zu einem gottgefälligen Leben befähigt. Ohne Gnade kann es keine Rettung geben.

Was Augustinus über die Errettung lehrte

Als Antwort auf diese Lehren, die als Pelagianismus bekannt wurden, begab sich Augustinus ins gegenteilige Extrem und entwickelte folgende Lehren:

1. Infolge von Adams Sündenfall ist die Menschheit völlig Verdorben. Der Mensch ist gänzlich unfähig, irgendetwas Gutes zu tun oder sich selbst zu retten. Er ist sogar unfähig, an Gott zu glauben oder ihm zu vertrauen.

2. Deshalb können Menschen nur dann an Gott glauben oder ihm vertrauen, wenn Gott ihnen durch seine Gnade diesen Glauben oder dieses Vertrauen gibt. Der Mensch hat keinen freien Willen, der ihm ermöglicht, sich für oder gegen den Glauben zu entscheiden.

3. Gottes Entscheidung, eine Person zu retten und eine andere zu verdammen, einer Person Glauben zu schenken und ihn einer anderen Person vorzuenthalten, unterliegt vollständig seiner Willkür. Wir können nichts tun, um Gottes diesbezügliche Entscheidungen zu beeinflussen.

4. Vor der Erschaffung der Welt bestimmte Gott willkürlich (sah nicht bloß voraus), wer errettet und wer verdammt werden würde. Wir können nichts tun, weder in diesem noch im kommenden Leben, um diese Tatsache zu ändern.
5. Die Auserwählten, die für die Errettung vorherbestimmt wurden, können ihre Errettung unmöglich verlieren. Die Menschen, die für die Verdammnis vorherbestimmt wurden, können unmöglich errettet werden.
6. Niemand kann wissen, ob er unter den Auserwählten ist oder nicht. Gott gibt vielen Menschen das Geschenk des Glaubens, so dass sie gläubig werden, getauft werden und in Jesu Geboten wandeln. Dennoch sind einige von diesen nicht für die Errettung vorherbestimmt und werden nicht bis zum Schluss ausharren. Das Geschenk des Ausharrens bis zum Schluss ist ein anderes Geschenk als das des Glaubens. Wir haben keine Möglichkeit herauszufinden, wem in der Kirche das Geschenk des Ausharrens gegeben wurde.
7. Errettung hängt ausschließlich von der Gnade ab. Glaube ist ein Geschenk Gottes. Gehorsam ist ein Geschenk Gottes. Ausharren ist ein Geschenk Gottes.[187]

Augustinus gelang es, die meisten Bischöfe Nordafrikas zu überzeugen, und seine Ansichten setzten sich schließlich durch. Indem Augustinus auf die Fehler des Pelagianismus überreagierte, überdeckte er die ursprünglichen frühchristlichen Lehren vom freien

---

[187] Augustinus, Über die Vorherbestimmung der Heiligen

Willen und von der Mitwirkung des einzelnen Menschen an seiner Errettung. An ihre Stelle setzte er die kalte und strenge Lehre der absoluten Prädestination.

16. War die Reformation eine Rückkehr zum frühen Christentum?

Geschichte wiederholt sich oft. Dies gilt genauso für den geistlichen Bereich wie für den weltlichen. Zum Beispiel wurde die Kontroverse zwischen Pelagius und Augustinus im 16. Jahrhundert in Europa praktisch nochmals aufgeführt. Die Namen der Darsteller waren anders, und die spezifischen Lehren waren leicht verändert. Aber das Ergebnis war praktisch gleich.

Wieder einmal ging es um die Errettung. Im Laufe der Jahrhunderte hatte sich die Römisch-Katholische Kirche langsam von der streng augustinischen Prädestination wegbewegt. Stattdessen lehrte sie, wie die frühe Kirche, dass gute Werke eine Rolle in der Errettung spielen. Allerdings bedeutete der Begriff „gute Werke" für die frühen Christen einfach Gehorsam gegenüber Gottes Geboten. Die Katholiken des Mittelalters weiteten den Begriff auch auf rituelle Praktiken aus, wie Pilgerfahrten, das Anschauen von Reliquien und den Kauf von Ablassbriefen. Entgegen populären Ansichten lehrte die mittelalterliche römisch-katholische Theologie aber nicht, dass Errettung ohne Gottes Gnade erreicht werden könnte.

Die Reformation wurde durch den Missbrauch des römisch-katholischen Ablasshandels entfacht. In katholischer Theologie galt ein Ablass als ein Nachlass der zeitlichen Strafe für die Sünde. Es wurde geglaubt, dass der Papst die Autorität hatte, lebenden Personen und solchen im Fegefeuer Ablässe zu gewähren, sofern entweder der Empfänger oder der Vermittler bußfertig war und an die Kirche oder eine karitative Einrichtung Almosen gab.

209

Der Papst brauchte Geld für die Renovierung der Peterskirche in Rom. Also gab er einem Prediger namens Tetzel die Vollmacht, in ganz Deutschland Spenden für diesen Bau durch den „Verkauf" von Ablässen aufzutreiben. Tetzel war ein begeisterter Redner, und er machte offenbar wahrlich fantastische Behauptungen darüber, was der Kauf eines Ablasses alles bewirken könnte. Er nützte die Sorge der Menschen um ihre verstorbenen Angehörigen aus, indem er predigte: „Wenn das Geld in der Kasse klingt, die Seele aus dem Fegefeuer springt."[188]

Eines Tages fragte ein junger Mann Tetzel, ob der Kauf eines Ablasses den Erlass einer jeglichen Sünde bewirken könne. „Absolut!" erwiderte Tetzel. „Und wenn die Sünde noch gar nicht begangen wurde, sondern erst von einem Menschen erwogen wird?" fragte der Mann. „Es macht keinen Unterschied", beteuerte Tetzel. „Keine Sünde ist zu groß." Also kaufte der junge Mann bereitwillig den Ablass. Nachdem Tetzel seine recht lukrative Zeit in jenem Dorf vollendet hatte, packte er seine Waren und reiste in Richtung des nächsten Dorfes ab. Unterwegs wurde er von einer Räuberbande angehalten, die ihm alles abnahm, was er hatte, einschließlich des Geldes vom Ablassverkauf an jenem Tag. Der grinsende Führer der Räuber war kein anderer als der junge Mann, der am Nachmittag einen Ablass im

---

[188] Luther beklagt diesen Umstand in einem Brief an den Erzbischof Albrecht vom Mainz vom 31. Oktober 1517: „weiter glauben sie, daß die Seelen ohne Verzug aus dem Fegefeuer fahren, sobald man für sie in den Kasten einlege;"
http://www.glaubensstimme.de/doku.php?id=autoren:l:luther:a:brief_luthers_an_den_erzbischof_kardinal_albrecht_von_mainz_begleitbrief

Hinblick auf eine noch zukünftige Sünde gekauft hatte – nämlich Raub.

Tetzels fantastische Behauptungen entgingen aber nicht der Kritik. Ein energischer Mönch namens Martin Luther, feurig mit gerechter Empörung, konfrontierte Tetzel kühn und prangerte seine lächerlichen Behauptungen an. Da die Kirche nichts unternahm, um Tetzel einen Maulkorb zu verpassen, nagelte Luther 95 Thesen an die Tür der Kirche in Wittenberg, um zu einer öffentlichen Debatte über die Frage der Ablässe aufzurufen. Viele Christen hegen irrtümliche Annahmen über diese 95 Thesen. Sie waren keine Liste reformatorischer Lehren, sondern einfach eine Liste von Behauptungen betreffend Ablässe. These 75 besagt z.B.: „Des Papstes Ablaß so hoch halten, daß er einen Menschen absolvieren oder von Sünden los machen könnte, wenn er gleich (unmöglicher Weise zu reden) die Mutter Gottes geschwächt [d.h. entjungfert] hätte, ist rasend und unsinnig sein."[189] Offenbar hatte Tetzel oder seine Helfer genau das behauptet.

Was ansonsten vielleicht ein kleiner lokaler Streit geblieben wäre, wurde durch eine neue Erfindung als Feuer in ganz Europa entfacht – durch die Druckerpresse. Luthers 95 Thesen wurden von lokalen Druckern kopiert und durch fast ganz Europa zirkuliert. Bald erwuchs daraus ein Konflikt gewaltiger Proportionen. Um seine Lehrmeinung gegen Tetzels Extreme zu untermauern, unterlag Luther leider einer Kurzschlussreaktion und ging ins gegenteilige Extrem. Dabei musste er nicht einmal eine neue Theologie entwickeln. Als augustinischer Mönch erweckte er

---

[189] Martin Luther, 95 Thesen, http://www.glaubensstimme.de/doku.php?id=autoren:l:luther:f:fuenfundneunzig_thesen

einfach Teile von Augustinus' vergessener Theologie zu neuem Leben. In Augustinus' Fußstapfen argumentierte Luther, dass die Errettung völlig eine Sache der Vorherbestimmung sei. Er lehrte, dass Menschen vollkommen unfähig seien, irgendetwas Gutes zu tun oder auch nur an Gott zu glauben. Stattdessen gebe Gott Glauben und gute Werke an diejenigen, die er vor Erschaffung der Welt willkürlich dazu auserwählt habe. Andere habe er willkürlich dazu erwählt, ewig verdammt zu werden.[190]

Weiters behauptete Luther, dass ein Mensch nicht errettet werden kann, wenn er nicht an diese Lehre der absoluten Vorherbestimmung glaubt: „Wenn man davon nämlich nichts weiß, kann weder der Glaube noch irgendein Gottesdienst bestehen. Denn das heißt wahrhaft von Gott nichts wissen, bei welcher Unwissenheit das Seelenheil nicht bestehen kann, wie bekannt ist. Wenn Du nämlich daran zweifelst oder es verachtest zu wissen, dass Gott alles, nicht zufällig, sondern mit Notwendigkeit und unwandelbar vorherweiss und will, wie wirst Du seinen Verheißungen glauben, ihnen fest vertrauen und dich darauf stützen können? ... Sonst wirst Du ihn nicht für wahrhaftig noch zuverlässig erachten, welches ist Unglaube, höchste Gottlosigkeit und Verleugnung des allerhöchsten Gottes."[191]

Luther übernahm eine Anzahl anderer Lehren von Augustinus, einschließlich der augustinischen Lehre des heiligen Krieges. Als deutsche Bauern gegen die unmenschliche Behandlung durch den

---

[190] Martin Luther, Vom Unfreien Willen,
http://www.glaubensstimme.de/doku.php?id=autoren:l:luther:v:vom_unfreien_willen

[191] Martin Luther, Vom Unfreien Willen, Ende 1. Fünftel
http://www.glaubensstimme.de/doku.php?id=autoren:l:luther:v:vom_unfreien_willen

Adel aufstanden, erkannte Luther, dass ihr Aufstand auf seine Lehren zurückgeführt werden würde. Also ermutigte er den Adel, den Aufstand mit Gewalt zu unterdrücken und spornte mit diesen Worten an:

„Darum ist hier nicht zu schlafen. Es gilt hier auch nicht Geduld oder Barmherzigkeit. Hier ist die Zeit des Schwerts und des Zorns und nicht der Gnaden Zeit. ...

[Jeder] Bauer [, der] darüber erschlagen wird, ist mit Leib und Seele verloren und ewig des Teufels. Aber die Obrigkeit hat ein gutes Gewissen und eine gerechte Sache und kann zu Gott also sagen mit aller Sicherheit des Herzens: Siehe, mein Gott, du hast mich zum Fürsten oder Herren gesetzt, daran ich nicht kann zweifeln, und hast mir das Schwert befohlen über die Übeltäter (Röm. 13). ... Darum will ich strafen und schlagen, solange ich eine Ader regen kann. Du wirst's wohl richten und machen. Also kann's denn geschehen, daß, wer auf der Obrigkeit Seiten erschlagen wird, ein rechter Märtyrer für Gott sei ... Solch wunderliche Zeiten sind jetzt, daß ein Fürst den Himmel mit Blutvergießen verdienen kann besser als andere mit Beten. ... Steche, schlage, würge nun, wer da kann! Bleibst du darüber tot, wohl dir! Einen seligeren Tod kannst du nimmermehr bekommen."[192]

Der Adel folgte Luthers Predigt ohne zu zögern und unterdrückte brutal die Bauernbanden in einem kurzen Konflikt, der von

---

[192] Luther, Wider die räuberischen und mörderischen Rotten der Bauern (deutsch leicht modernisiert)

http://www.glaubensstimme.de/doku.php?id=autoren:l:luther:w:wider_die_raeuberischen_und_moerderischen_rotten schrecklichen Gräueltaten geprägt war. Jene Bauern, die nicht im Kampf geschlachtet wurden, wurden grausam gefoltert und dann umgebracht.

In den 1100 Jahren zwischen Augustinus und Luther hatte sich das westliche Christentum von Seite zu Seite und rundherum bewegt, aber es landete fast genau dort wieder, wo Augustinus es gelassen hatte. Die Reformation war keine Rückkehr zum Geist und zu der Lehre des frühen Christentums. Luther schaffte zwar viele nachkonstantinische Praktiken in der deutschen Kirche ab, wie die Verwendung von Ikonen und Reliquien, Gebet an die Heiligen, Messen für die Toten im Fegefeuer, Zwangszölibat für den Klerus, Ablassverkauf und Pilgerfahrten als eine Form der „guten Werke". Indem er diese Praktiken abschaffte, bewegte Luther das deutsche Christentum dem frühen Christentum mehrere Schritte näher. Andererseits, indem er zur augustinischen Theologie zurückkehrte, bewegte Luther das deutsche Christentum auch einige Schritte weiter vom frühen Christentum weg.

Unsere alleinige Autorität: Die Bibel oder Luthers *Interpretation* der Bibel?

Luthers positivster Beitrag an das westliche Christentum war wohl seine Betonung auf die Bibel als die einzige Quelle der Autorität. „Sola Scriptura" wurde ein Schlagwort der Reformation. Nur war „sola Scriptura" allzu oft nur ein Schlagwort und keine Praxis. Luther übersetzte die Bibel ins Deutsche, damit das Volk sie selber lesen konnte, was eine gewaltige Leistung war. Aber gleichzeitig sorgte er dafür, dass das deutsche Volk die Bibel nur gefiltert durch seine Interpretationen lesen würde.

In Kapitel 12 sahen wir einige Beispiele aus Luthers Vorwort zum Neuen Testament, wo er bemüht war, die Aufmerksamkeit seiner Leser von den Teilen der Bibel wegzulenken, die seiner Theologie widersprechen. Luthers Vorwort zum Römerbrief ist mehr als halb so lang wie der Römerbrief selber. In dieser Einleitung behauptete Luther: „Diese Epistel ist das rechte Hauptstück des Neuen Testaments und das allerlauterste Evangelium"[193], womit er den Römerbrief über die anderen neutestamentlichen Bücher stellte. Er sagte auch: „Aufs erste müssen wir der Sprache kundig werden und wissen, was S.Paulus meint durch diese Worte Gesetz, Sünde, Gnade, Glaube, Gerechtigkeit, Fleisch, Geist und dergleichen, sonst ist kein Lesen daran von Nutzen."[194] Luther fuhr dann fort, jeden dieser Begriffe zu definieren, oft komplett anders, als die frühen Christen sie verwendeten.

In seinem Vorwort zum Hebräerbrief attackierte Luther diesen: „Über das bietet er eine große Schwierigkeit dadurch, daß er im 6. und 10. Kapitel die Buße den Sündern nach der Taufe stracks verneinet und versagt und Kap. 12,17 sagt, Esau habe Buße gesucht und doch nicht gefunden, was wider alle Evangelien und Briefe des Paulus ist. Und obwohl man einen Ausweg aus der Schwierigkeit suchen möchte, so lauten doch die Worte so klar,

---

[193] Luther, Vorrede zum Römerbrief

http://www.glaubensstimme.de/doku.php?id=autoren:l:luther:v:luther-vorrede_auf_den_roemerbrief

[194] Luther, Vorrede zum Römerbrief

http://www.glaubensstimme.de/doku.php?id=autoren:l:luther:v:luther-vorrede_auf_den_roemerbrief daß ich nicht weiß, ob es möglich sei. Mich dünkt, es handle sich um einen Brief aus vielen Stücken zusammengesetzt und nicht überall in gleicher Höhenlage."[195]

Also war Luthers Wahlspruch von „sola Scriptura" nur ein Mythos, weil er selber gründlich dafür sorgte, dass Christen nicht nur die Schriften hörten. Schlussendlich war nicht die Bibel die alleinige Quelle der reformatorischen Autorität, sondern Luthers Interpretation der Bibel.

Bevor wir Luther nun verlassen, muss ich klar stellen, dass ich finde, dass Luthers positive Beiträge an das Christentum gewichtiger sind als seine Verfehlungen. Ich habe hauptsächlich deswegen mehr von seinen Fehlern als von seinen Stärken erwähnt, weil die Evangelikale Kirche Luther historisch ziemlich in den Himmel hebt. Seine vielen guten Eigenschaften und positiven Leistungen sind den meisten evangelikalen Christen hinreichend bekannt. Luther war ein mutiger Mann Gottes, der sein eigenes Leben riskierte, um Leben in eine geistlich tote Kirche zurück zu bringen. Wir können seine guten Qualitäten bewundern, ohne seine Fehler übernehmen zu müssen.

Luther wollte die Kirche zu den ursprünglichen christlichen Glaubensinhalten zurück bewegen, aber zu einem hohen Grad wusste er nicht einmal, was diese Glaubensinhalte waren. Die meisten frühchristlichen Schriften waren im Westen nicht einmal verfügbar, als die Reformation begann. Die Folge war, dass Luther Augustinus' Lehren fälschlicherweise mit frühchristlichen Lehren

---

[195] Luther, Vorrede zum Hebräerbrief

http://www.glaubensstimme.de/doku.php?id=autoren:l:luther:v:luther-vorrede_zum_hebraeerbrief gleich setzte. Bis der Großteil der frühchristlichen Schriften verfügbar wurde, waren die reformatorischen Lehren schon in Stein eingemeißelt, und niemand war bereit, sie zu ändern.

17. Bestrebungen, das frühe Christentum wiederherzustellen

Luther zündete den Funken, der das westliche Christentum entflammte. Wäre das sein einziger Beitrag an das Christentum gewesen, so wäre die Kirche ihm trotzdem zu ewigem Dank verpflichtet. Seine mutige Konfrontation mit der Römisch-Katholischen Kirche inspirierte tausende andere, die kirchlichen Lehren in Frage zu stellen und danach zu streben, das apostolische Christentum wiederherzustellen. Wo Luther die bestehende Staatskirche *reformieren* wollte, kamen aber andere zu dem Schluss, eine solche Institution sei nicht mehr reformationsfähig. Also strebten sie danach, das erste Christentum *wiederherzustellen*, getrennt von der Institution der Staatskirche. Seit Luthers Tagen gab es viele solcher Bewegungen, die zum frühen Christentum zurückkehren wollten. Wir werden uns einige der bedeutendsten dieser Bewegungen kurz anschauen.

Die wesleyanische Revolution

Die Reformation hatte in England eine etwas andere Wende genommen als die Reformation in Deutschland. Wie Luther versuchten die meisten englischen Reformer, die bestehende staatskirchliche Einrichtung zu reformieren. Aber wo Luther die Bibel durch Augustinus' Augen gelesen hatte, verließen sich viele englische Reformer[196] auf die Schriften der vornizäischen Schreiber, um die Bibel zu interpretieren. Einer schrieb: „Die Heilige Schrift ist der Brunnen und die lebende Quelle und enthält in sich in Genüge und Fülle das reine Wasser des Lebens, und was notwendig ist, um Gottes Volk weise zur Errettung zu machen. ...Die Stimme und das Zeugnis der Frühen Kirche sind ein dienender, untergeordneter Leitfaden, der uns bewahrt und führt in das rechte Verständnis der Schrift."[197]

Leider folgten die englischen Reformer nicht immer diesem Prinzip der Bibelinterpretation. Hätten sie sich daran gehalten, so hätten sie nie versucht, das Christentum in die Enge einer staatlichen Institution einzuquetschen. Wie die frühen Christen so klar erkannten, ist Christi Reich nicht von dieser Welt, und es kann nie erfolgreich mit den Reichen dieser Welt verbunden werden.

Trotz ihrer Mängel bereitete die englische Reformation den Boden für einen englischen Prediger, der das England des 18. Jahrhunderts auf den Kopf stellte. Dieser Prediger hieß John Wesley. Die Kirche Englands war zu diesem Zeitpunkt eine großteils lethargische Kirche der Gebildeten, der Kultivierten und der Reichen. Unzufrieden mit diesem Zustand begann Wesley die Botschaft des Evangeliums in die Armenhäuser, auf die Dorfstraßen und offenen Felder zu bringen – um das einfache Volk zu erreichen. Wie durch die Verkündigung der frühen Christen, so wurden auch durch Wesleys Verkündigung tausende Leben

---

[196] Mit der Bezeichnung „Englische Reformer" beziehe ich mich auf Männer wie Francis White, William Laud, Lancelot Andrews und deren geistliche Nachfahren.

[197] Francis White, A Treatise of the Sabbath Day, in „Anglicanism" ed. Paul Elmer More and Frank Leslie Cross (London, SPCK, 1957), S 8-9

radikal verändert. Sein Evangelium der radikal rettenden Gnade stellte sowohl England als auch Amerika auf den Kopf.

Anders als so viele geistliche Reformer, die ihm vorausgingen, erkannte Wesley, dass eine geistliche Revolution im *Inneren* eines Menschen anfangen muss. Der Heilige Geist muss einen Menschen von innen her radikal verändern. Es kann ohne das bevollmächtigende Wirken des Heiligen Geistes keine Rückkehr zum ersten Christentum geben. Wesley erkannte auch, dass ein inwendig vom Heiligen Geist erfüllter Mensch notwendigerweise auch seinen äußeren Lebensstil ändert. Niemand, der im Geist lebt, kann so leben wie die Welt.

Wesley schätzte die frühchristlichen Schriften sehr. Er schrieb: „Kann jemand, der mehrere Jahre in jenen Lehrstätten verbringt, entschuldigt bleiben, wenn er nicht zu jenem Lernen das Lesen der Väter hinzufügt? Die Väter sind die authentischsten Kommentatoren der Schrift, denn sie waren der Quelle am nächsten und waren außerordentlich durch jenen Geist befähigt, durch den alle Schriften gegeben wurden. Es wird leicht zu erkennen sein: Ich rede hauptsächlich von jenen, die vor dem Konzil von Nizäa schrieben."[198]

Wesleys Verkündigung brachte mit der Zeit nicht nur die Methodistenkirche hervor, sondern auch viele Heiligungs- und Pfingstkirchen, von denen viele danach streben, das apostolische Christentum wiederherzustellen. Zudem beeinflusste die wesleyanische Bewegung, mit ihrer Betonung einer persönlichen Bezie-

---

[198] John Wesley, The Works of John Wesley, 3rd ed. (Peabody: Hendrickson Publishers)

hung mit Jesus Christus und der Macht des Heiligen Geistes, hunderte Kirchen außerhalb der wesleyanischen Gemeinschaft.

Andere Bewegungen, die sich auf das frühe Christentum konzentrierten

Eine andere Bewegung, die zum ersten Christentum zurückkehren wollte, erwuchs im frühen 19. Jahrhundert aus der Presbyterianischen Kirche in Amerika. Die endlosen theologischen Streitigkeiten, die strenge Erwählungslehre, die Tyrannenherrschaft des Klerus und die häufigen Spaltungen unter den Presbyterianern leid, begann Barton W. Stone, ein presbyterianischer Minister, in Kentucky eine Bewegung, die das apostolische Christentum wiederherstellen sollte. Stones Hauptaugenmerk galt der Rückkehr zu einem heiligen Lebensstil und der Trennung von der Welt, die das frühe Christentum geprägt hatten.[199]

In den 1820er Jahren verband sich Stones Bewegung mit einer anderen Bewegung, die von Thomas und Alexander Campbell gegründet wurde und die ebenfalls danach strebte, das erste Christentum wiederherzustellen. Ein Hauptziel von Alexander Campbell war *Einheit* unter allen Christen. Er meinte, dass diese Einheit nur dann erreicht werden könnte, wenn Christen alle menschlichen Bekenntnisse und Traditionen ablegen und zu den Formen, Strukturen und Lehren der apostolischen Kirche zurück-

---

[199] C. Leonhard Allen and Richard T. Hughes, Discovering our Roots, (Abilene: ACU Press, 1988), S 103

kehren würden. Zu diesem Zweck kehrten die Mitglieder der Campbell-Stone-Bewegung (*heute als Gemeinde Christi bekannt, Anm. des Übersetzers*) zu den frühchristlichen Praktiken von wöchentlichem Abendmahl, Autonomie der Ortsgemeinde und Pluralität der Leiterschaft in jeder Gemeinde zurück. Obwohl die Bewegung sich jetzt mehr auf frühe Lehren und Anordnungen als auf einen heiligen Lebensstil und das innere Leben konzentrierte, brachte sie dennoch tausenden Menschen im ganzen Land geistliche Erneuerung.

Eine Diskussion der Rückkehrbewegungen zum ersten Christentum wäre ohne die Erwähnung der Oxford Bewegung des frühen 19. Jahrhunderts nicht komplett, obwohl sie eigentlich eine Reformbewegung und keine Wiederherstellungsbewegung war.[200] Sie begann als ein Missionsfeldzug von Pfarrern und Professoren an der Oxford Universität und rief die Christen ihrer Zeit dazu auf, zum Glauben und zu den Praktiken der alten Kirche zurückzukehren. Durch ihre Bemühungen entfachten die Leiter dieser Bewegung viel Interesse an der frühen Kirche. Sie druckten sogar zahlreiche frühchristliche Schriften als Faltblätter und verkauften sie an ein christliches Publikum um zwei Pence pro Schriftstück. Zum ersten Mal in der Geschichte konnten die einfachen Leute von England für sich die Erzählung von Polykarps Märtyrertum lesen – auf Englisch und zu einem leistbaren Preis.

Edward Pusey, einer der Hauptführer dieser Bewegung, brachte persönlich eine 50-bändige Reihe von übersetzten frühchrist-

---

[200] Eine Restaurations- bzw. Wiederherstellungsbewegung sucht eine Rückkehr zur apostolischen Kirche. Eine Reformbewegung strebt nach einer Verbesserung der bestehenden religiösen Institution.

lichen Schriften heraus, die er *Bibliothek der Kirchenväter* (*Library of the Fathers*) nannte. Dass es heute überhaupt leistbare Übersetzungen der frühchristlichen Schreiber auf Englisch gibt, ist größtenteils dem Einfluss der Oxford Bewegung zu verdanken. Durch das Fundament, das die Männer in Oxford legten, können einfache Christen heute für sich selber entdecken, wie das frühe Christentum wirklich war.

Die Suche nach dem ersten Christentum geht auch heute in verschiedenen Gruppen weiter. Manche dieser Gemeinschaften haben zehntausende Mitglieder; andere bestehen aus zwei oder drei Gläubigen, die sich in einem Wohnzimmer versammeln. Ob die Gemeinschaft groß oder klein ist, alle heutigen Christen, die nach der Wiederherstellung des frühen Christentums streben, können viel von einer der bedeutendsten Bewegungen der ganzen Kirchengeschichte lernen: der Radikalen Reformation.

18. Das Feuer der Täufer

Im sechzehnten Jahrhundert steckte eine Gruppe feuriger Christen mit ihrer Vision, das apostolische Christentum wiederherzustellen, Europa in Brand. Diese Christen, die als Wiedertäufer (bzw. Täufer) bekannt sind, waren eine der bemerkenswertesten Bewegungen in der gesamten Kirchengeschichte. Historiker bezeichnen sie oft als den „dritten Flügel der Reformation". Die beiden ersten Flügel waren die lutherische und die Schweizer Reformation. Andere nennen die Täuferbewegung die „radikale Reformation". Dies deswegen, weil die Täufer erkannten, dass jede Wiederherstellung des ursprünglichen Christentums eine radikale Veränderung des Lebens beinhalten muss.

Unter allen „Restaurationsbewegungen" der letzten fünfhundert Jahre kamen die Täufer dem frühchristlichen Verständnis von den „zwei Reichen" wahrscheinlich am nächsten. Das heißt, sie begriffen völlig, dass Christen nicht zwei Herren dienen können. Wir können uns nicht in politischen und militärischen Affären dieser Welt engagieren und gleichzeitig meinen, Christus vollkommen hingegeben zu leben. Ebensowenig können wir uns in den Aufbau von Wirtschaftsimperien investieren und gleichzeitig zuerst das Reich Gottes suchen. Sein Reich ist nicht von dieser Welt, und wenn wir nach den Lehren Christi leben, dann werden wir uns von der Welt um uns herum deutlich unterscheiden – so wie die frühen Christen.

Interessanterweise waren von den drei Flügeln der Reformation die Täufer generell am weitesten von den Bildungszentren ihrer Tage entfernt. Sie konnten zwar eine Anzahl akademisch gebildeter Männer zu ihren Führern zählen, aber die meisten ihrer Lehrer hatten keine solche Ausbildung. Doch obwohl sie keine Fachleute zur frühen Kirchengeschichte unter sich hatten, waren die Mehrzahl ihrer Überzeugungen mit denen der frühen Kirche ident – besonders, was den Lebensstil betrifft. Was war ihr Geheimnis? Ihr Geheimnis bestand darin, dass sie versuchten, dem einfachen Wortlaut der Bibel zu folgen. Allein die Tatsache, dass die bibelorientierten Täufer zu denselben Schlussfolgerungen kamen wie die frühen Christen, ist eine der stärksten Bestätigungen, die wir haben, dass das frühe Christentum biblisch solid war. Die einzigen Unterschiede zwischen den frühen Christen und den Täufern finden wir dort, wo die Täufer die Schriften des Neuen Testamentes *nicht* wörtlich nahmen.

Einige der Einsichten, zu denen die Täufer gelangten, wurden von den meisten bekennenden Christen ihrer Zeit für extrem revolutionär und radikal gehalten; ob es nun Katholiken, Lutheraner oder Schweizer Reformierte waren. Zum Beispiel lehrten die Täufer die Trennung von Kirche und Staat. Doch seit der Zeit Konstantins waren Staat und Kirche eng miteinander verkuppelt, und praktisch niemand im 16. Jahrhundert – nicht einmal Luther oder Calvin – stellte die Richtigkeit dieser Praxis infrage. Die gesamte Struktur der mittelalterlichen Gesellschaft basierte auf der Union von Kirche und Staat. Deshalb dachten die meisten Menschen, dass die Lehren der Täufer zur Anarchie führen müssten. Als Konsequenz daraus wurden die Täufer in nahezu jedem Land Europas für ungesetzlich erklärt. Ein Täufer beklagte sich darüber: „Ein rechter Lehrer, welcher des Herrn Wort unsträflich predigt, kann heutzutage in keinem Königreich, Land oder Stadt, soweit uns bekannt ist, öffentlich wohnen oder herumgehen, wenn er als solcher bekannt ist."[201]

Innerhalb weniger Jahre waren die meisten Führer der ersten Täufergeneration gefangen und hingerichtet worden. Die Täufer wurden zu einer gejagten Gruppe, die von Ort zu Ort fliehen und sich geheim in Wäldern und anderen Verstecken treffen musste. Dennoch waren sie unermüdliche Evangelisten, und ihre Zahlen wuchsen schnell an. Das Geheimnis ihrer Kraft war, dass sie ihren Herrn aus ganzem Herzen, Verstand und mit aller Kraft liebten.

Erstaunliche Parallelen zwischen den Täufern und den frühen Christen

Die Täufer lehnten die Dinge der Welt zu einem hohen Grad ab und lebten als Bürger des himmlischen Königreichs – so wie die frühen Christen. Der Rest der Kirche hasste sie deswegen. Im Gegensatz zu Luther, der das Matthäusevangelium gering schätzte, nahmen die Täufer die Worte Jesu aus der Bergpredigt sehr ernst und wörtlich. Sie betonten, dass ein wiedergeborener Christ nach diesen Lehren leben muss.

Obwohl die meisten Konfessionen heute sich der Bedürftigen annehmen, war das zur Zeit der Reformation nicht der Fall. Deshalb hoben sich die Täufer durch ihre brüderliche Fürsorge unter-

---

[201] Eine wehmütige und christliche Entschuldigung und Verantwortung / Menno Simon Vollständige Werke / Pathway Publishers, Aylmer Ontario (Kanada) 1971, Teil 2 S.455

einander von den Lutheranern, den Reformierten und der Katholischen Kirche deutlich ab. Sie bekannten gegenüber diesen Kirchen:

„Diese Liebe, Barmherzigkeit und Gemeinschaft lehren und üben wir und haben sie auch, dem Herrn sei ewig Dank, schon siebzehn Jahre in solcher Form und Weise gelehrt und geübt, dass, obwohl unsere Güter uns zum großen Teil geraubt sind und noch täglich geraubt werden, viele fromme, gottesfürchtige Väter und Mütter mit Feuer, Wasser und Schwert umgebracht werden ... (doch) keine Frommen, noch irgendwelche von den Frommen hinterlassene Kinder, die unter uns leben wollen, gebettelt haben. Wenn dies nicht christlich handeln und recht tun heißt, so mögen wir wohl das ganze Evangelium unseres Herrn Jesu Christi fahren lassen. ...

Ist es nicht eine verdrießliche und unerträgliche Heuchelei, dass die armen Leute [*gemeint sind die Lutheraner*] sich rühmen, Gottes Wort zu haben, die wahre Gemeinde und christliche Kirche zu sein und nicht merken, dass sie das Kennzeichen des wahren Christentums gänzlich verloren haben? Denn obwohl sie in allen Dingen die Fülle haben und so viele ihrer Mitgenossen in größtem Überfluss in Seide und Samt, Gold, Silber und allerlei Pracht und Hochmut einhergehen, ... so lassen sie dennoch ihre armen elenden Mitglieder in großer Zahl betteln gehen, ... [und nötigen] viele alte, gebrechliche, lahme, blinde und leidende Leute vor den Türen ihr Brot zu suchen.

Wie, ihr Lehrer? Ja, ihr lieben Lehrer! ... Wo ist die Frucht des Geistes, den ihr empfangen habt?"[202]

Wie die frühen Christen, so predigten auch die Täufer die Botschaft vom Kreuz: „Hat nun das Haupt selbst alle solche Marter, Pein, Elend und Schmerzen leiden müssen, wie wollen denn seine Diener, Kinder und Gliedmaßen hier Friede und Freiheit in dem Fleisch erwarten?"[203] fragten sie. Gleichzeitig weigerten sie sich, obwohl sie brutal verfolgt, gefoltert und hingerichtet wurden, sich zu verteidigen oder sich an ihren Verfolgern zu rächen.

Eines der berührendsten Beispiele ihrer selbstlosen Liebe für andere ist Dirk Willems. Während er vor den katholischen Autoritäten floh, die ihn verhaften wollten, lief er über einen zugefrorenen See und schaffte es sicher ans andere Ufer. Als er die Böschung hinauf rannte, blickte er zurück und sah, dass der Söldner, der ihn verfolgte, durch das Eis eingebrochen war und zu ertrinken drohte. Obwohl er nun leicht hätte entkommen können, kehrte Willems um und zog den ertrinkenden Verfolger an Land. Dessen Vorgesetzter zeigte sich von dieser selbstlosen Liebe unbeeindruckt und befahl dem Söldner, Willems zu verhaften. Er wurde also gefangen genommen, eingekerkert und schließlich bei lebendigem Leib verbrannt.

Eine weitere Parallele zu den frühen Christen besteht darin, dass auch die Täufer sich weigerten, für ihr Land zum Schwert zu grei-

---

[202] Eine wehmütige und christliche Entschuldigung und Verantwortung / Menno Simon Vollständige Werke / Pathway Publishers, Aylmer Ontario (Kanada) 1971, Teil 2 S.438

[203] Ein Fundament und klare Anweisung / Menno Simon Vollständige Werke / Pathway Publishers, Aylmer Ontario (Kanada) 1971, Teil 1 S.22

fen, weder zum Schutz noch zur Hinrichtung von Verbrechern. Im Gehorsam gegenüber Jesu Worten verweigerten sie auch die Eidesleistung. Anstelle eines Wohlstandsevangeliums betonten sie ein einfaches Leben. Aufgrund der Verfolgung lebten die meisten von ihnen sogar in bitterer Armut.

Obwohl das Motto der Reformation „Errettung aus Glauben allein" lautete, lehrten die Täufer, dass Gehorsam ebenso nötig zur Errettung ist. Sie lehrten jedoch nicht, dass man die Errettung durch eine Anhäufung guter Werke verdienen könnte, und sie lehnten auch all die rituellen Werke der Selbstrechtfertigung, wie sie die Katholische Kirche lehrte, ab. Sie betonten, dass die Errettung ein Geschenk Gottes ist; doch sie sagten auch, dass mit dem Geschenk eine Bedingung verknüpft ist, und dass es den Ungehorsamen wieder entzogen werden kann.

Ihre Errettungslehre war eigentlich der der frühen Christen sehr ähnlich. Doch weil sie lehrten, dass Gehorsam heilsnotwendig ist, nannten die Lutheraner und Reformierten sie „Himmelsstürmer"[204]. Zu einer Zeit, in der andere Augustinus' Lehren hochhielten, verwarfen die Täufer die Lehre der Prädestination völlig. Sie lehrten stattdessen, dass die Errettung jedem offen steht, und dass jeder für sich selbst entscheiden muss, Gottes gnädiges Erlösungsangebot anzunehmen oder abzulehnen.

---

[204] Eine wehmütige und christliche Entschuldigung und Verantwortung / Menno Simon Vollständige Werke / Pathway Publishers, Aylmer Ontario (Kanada) 1971, Teil 2 S.449

Die Geschichte wiederholt sich

Die Parallelen zwischen den Täufern und den frühen Christen gehen über ihren Glauben und ihre Praxis hinaus. Der geistliche Niedergang der beiden ist ebenfalls bemerkenswert ähnlich. Solange sie verfolgt wurden, leuchteten die Täufer mit einem Feuereifer und einer christlichen Gesinnung, die der der frühen Christen in nichts nachstand. Obwohl ihnen das Predigen verboten wurde, waren sie dennoch die kraftvollsten Evangelisten der Reformationszeit. Und wie bei den frühen Christen war ihr Blut der Same, durch den ihre Bewegung wuchs.

Doch wie es auch bei den frühen Christen war, so verfiel die Bewegung der Täufer, sobald einzelne Herrscher sie zu tolerieren begannen. Die Toleranz seitens des Staates war oft an die Bedingung geknüpft, nicht mehr zu evangelisieren. Als Folge ihrer Zustimmung zu dieser Einschränkung zogen sie sich in ihre eigenen kleinen Ghettos zurück und wurden „die Stillen im Lande". Innerhalb weniger Generationen verloren die meisten Täufer das Interesse daran, ihre Vision mit anderen zu teilen – selbst dort, wo sie die Freiheit dazu gehabt hätten. Ihre fleißige Arbeitsethik machte einige von ihnen ziemlich wohlhabend, und viele begannen, sich immer stärker für die Dinge dieses Lebens und immer weniger für die Dinge des künftigen Lebens zu interessieren.

Wiederum folgten die Täufer dem Vorbild der frühen Kirche darin, dass sie nach dem Verlust ihrer ersten Hingabe anfingen, sich in hitzigen internen Streitereien aufzureiben. Im Gegensatz zu den Streitfragen der frühen Kirche drehten sich die Dispute der Täufer aber mehr um Fragen der Gemeindezucht als um Theologie. Nach einer endlosen Aufeinanderfolge von Spaltungen und Teilungen war die Bewegung zersplittert. Obwohl die ursprünglichen Täufer die Erneuerung des inneren Menschen betonten, konzentrierte sich die Bewegung später viel mehr auf Äußerlichkeiten. Die Kleidung oder der Haarstil eines Christen wurde wichtiger als der innere Mensch.

Das Vermächtnis der Täufer

Obwohl ihre Bewegung schließlich erlahmte, hinterließen die Täufer einen bleibenden Eindruck auf die Kirche. Sie waren zwar bei weitem der kleinste der drei Flügel der Reformation, doch werden viele ihrer Lehren heute von der Mehrheit der bibelgläubigen Christen geteilt: Die Trennung von Kirche und Staat, Glaubensfreiheit, die Notwendigkeit von Buße und Bekehrung, und dass die Erlösung ein Geschenk ist, das jedem offen steht.

Weiters haben die Täufer des 16. Jahrhunderts die Gründung ähnlicher Bewegungen in anderen Jahrhunderten inspiriert. So verdanken beispielsweise besonders die englischen Baptisten sehr viel den Täufern, obwohl sie nicht all ihre Überzeugungen übernommen haben. Im frühen 18. Jahrhundert entstand auch in Deutschland eine Bewegung, die den ursprünglichen Täufern sehr ähnlich sah. Unter der Führung von Alexander Mack predigten diese hingegebenen Christen eine kompromisslose Botschaft der Liebe, der Absonderung von der Welt, der Wehrlosigkeit und der völligen inneren Hingabe an Christus. Die Verfolgung in Europa vertrieb diese kompromisslosen Christen schließlich zu den Ufern

Amerikas. Die Geschichte dieser bemerkenswerten Bewegung, die man heute meist unter den Namen „Brethren" (Brüder) oder „Dunkards" kennt, ist der frühen Täufergeschichte sehr ähnlich.

Ebenfalls im 18. Jahrhundert, als in der Schweiz die Täufer praktisch verschwunden waren, gründete dort ein junger Theologiestudent namens Samuel Fröhlich christliche Gemeinschaften, die ihr Hauptaugenmerk darauf setzten, das Wort Gottes wörtlich auszulegen. Es überrascht daher nicht, dass er und seine Glaubensgenossen meist zu denselben Schlussfolgerungen kamen wie die Täufer. Diese Gläubigen wurden als „Evangelical Brethren" (in der Schweiz und Deutschland: Evangelische Täufergemeinde - ETG) bekannt und verbreiteten sich rasch in ganz Europa. Auch heute noch entstehen immer wieder ähnliche, kleinere Bewegungen von „neuen Täufern" in Europa und Amerika. Diese neuen Täufer sind oft auch von anderen Restaurationsbewegungen geistlich befruchtet, wie zum Beispiel der von Wesley.

Außerdem sind die ursprünglichen Täufer ja gar nicht verschwunden. Die heutigen Mennoniten und die Amish sind direkte Nachfahren der Täufer des 16. Jahrhunderts. Sie halten noch immer an den meisten Lehren und Praktiken der ursprünglichen Täufer fest. Doch traurigerweise haben sie es zumeist nicht geschafft, den Feuereifer ihrer Vorfahren neu anzufachen. Obwohl die frühen Täufer die aktivsten Evangelisten unter den drei Flügeln der Reformation waren, zeigen nur wenige Mennoniten oder Amish heute einen Eifer für Evangelisation. Zu oft verstecken sie ihr Licht unter dem Scheffel. Einige von ihnen sorgen sich mehr darum, ob eines ihrer Mitglieder verbotene Knöpfe am Mantel hat, als darum, ihren Glauben mit dem Rest der Menschheit zu teilen. Obwohl sie gute Absichten haben, haben sie sich mit ihrer ständigen Sorge um Äußerlichkeiten oft selbst Ketten angelegt.

Ich sage das nicht aus einem Geist des Richtens oder der Kritik. Ich sage es aus Liebe und mit einer tiefen Traurigkeit. Tief in ihrer Brust leuchtet immer noch die Glut der täuferischen Vision – und der frühchristlichen Vision. Gott vermag diese Glut noch immer zu einer hellen Flamme anzufachen, die der ganzen Kirche Erneuerung bringen könnte.

19. Was bedeutet das alles nun für uns?

Was sollte das alles nun für uns bedeuten? Für mich bedeutete es, dass ich mich mit den frühen Christen auseinandersetzen musste. Vielleicht sollten wir das alle tun. In der Regel werden die frühen Christen von uns bibelgläubigen Christen ignoriert. Wir reden kaum über sie in unseren Versammlungen, und wir missachten ihre Schriften.

Unsere Haltung erinnert mich an die Position, die die Pharisäer gegenüber Johannes dem Täufer einnahmen. Als die Pharisäer Jesus in die Falle locken wollten, indem sie ihn fragten, woher er seine Bevollmächtigung habe, antwortete Jesus mit der Gegenfrage, woher denn Johannes der Täufer seine Vollmacht gehabt habe. Die Pharisäer steckten die Köpfe zusammen und überlegten unter sich: „Wenn wir sagen: vom Himmel, so wird er zu uns sagen: Warum habt ihr ihm denn nicht geglaubt? Wenn wir aber sagen: von Menschen, so haben wir die Volksmenge zu fürchten, denn alle halten Johannes für einen Propheten. Und sie antworteten Jesus und sprachen: Wir wissen es nicht" (Matthäus 21,25-27).

Unser Umgang mit den frühen Christen ist sehr ähnlich. Wir können nicht zugeben, dass ihre Lehren und ihr Lebensstil richtig waren, weil wir dann auch zugeben müssten, dass unser eigener Lebensstil und viele unserer Lehren es nicht sind. Auf der anderen Seite wollen wir sie auch nicht als Irrlehrer bezeichnen, da wir ihren unbezwingbaren Glauben und ihre wahrhaftige christliche Liebe nicht leugnen können. Würden wir sie als Irrlehrer sehen, müssten wir zudem eingestehen, dass unser neutestamentlicher Kanon von Irrlehrern zusammengestellt wurde. Also lehnen wir es wie die Pharisäer ab, eine Position einzunehmen. Wir ignorieren die frühen Christen, als könnten wir sie zum Verschwinden bringen, indem wir ihnen keine Beachtung schenken. Aber sie zu ignorieren verändert nicht die historische Wahrheit, die ihre Schriften bezeugen.

Wir brauchen Demut in der Lehre

Bitte verstehen Sie mich nicht falsch. Ich sage nicht, dass wir sofort alle unsere Glaubensüberzeugungen verwerfen und unüberlegt jene der frühen Christen übernehmen sollten. Aber ich sage sehr wohl, dass wir einige Leichen in unserem theologischen Keller haben, mit denen wir uns auseinandersetzen müssen. Zum Beispiel sind viele unserer evangelikalen Lehren bezüglich Errettung denen der Gnostiker nahezu identisch. Natürlich könnten die Gnostiker Recht gehabt und die Kirche sich geirrt haben in diesem Punkt. Aber wie wahrscheinlich ist das?

Zumindest sollten wir alle wenigstens für die *Möglichkeit* offen sein, dass einige unserer für heilig gehaltenen Lehren falsch sein könnten. Als ich zum ersten Mal die Schriften der ersten Christen las, musste ich schmerzhaft feststellen, dass viele der Glaubensüberzeugungen, die ich jahrelang dogmatisch gelehrt hatte, niemals von den ersten Christen gelehrt wurden. Wie schon erwähnt, bezeichneten sie vieles davon sogar explizit als Irrlehre. Das war, gelinde gesagt, eine ziemlich demütigende Erfahrung. Aber vielleicht ist eine starke Dosis an theologischer Demütigung für uns alle schon längst überfällig!

Vor kurzem erklärte ich einem christlichen Freund, was die frühen Christen glaubten und praktizierten. Vieles, was ich ihm mitteilte, stimmte mit seinen Überzeugungen überein. Er war ganz begeistert, denn er empfand dies als eine starke Bestätigung, dass seine eigenen Ansichten stimmten. Als ich dann aber auch über einige Lehren der ersten Christen sprach, die nicht seinen eigenen Ansichten entsprachen, schaute er ein wenig verdutzt drein und wurde merkwürdig still. Danach schüttelte er verwirrt den Kopf und sagte nüchtern: "Da haben *sie* sich aber ziemlich geirrt, nicht wahr?" Die Möglichkeit, dass *er* daneben liegen könnte, schien mein Freund nicht einmal in Betracht gezogen zu haben.

Wenn wir schon nicht bereit sind, unsere Überzeugungen auf Grund des Zeugnisses der frühen Christen zu ändern, dann sollten wir (als absolutes Mindestmaß) aufhören, Menschen zu richten, die die Bibel aufrichtig anders auslegen als wir es tun. Insbesondere dann, wenn ihre Auslegung der der frühen Christen entspricht. Jesus sagte uns: „Richtet nicht, damit ihr nicht gerichtet werdet! Denn mit welchem Gericht ihr richtet, werdet ihr gerichtet werden, und mit welchem Maß ihr messt, wird euch zugemessen werden" (Matthäus 7,1-2).

Viele von uns glauben scheinbar, dass Jesus nicht wirklich meinte, was er sagte. Wir verurteilen gnadenlos die aufrichtigen Auslegungen anderer. Und wir erwarten, dass Jesus uns dafür am Tag des Gerichts anlächeln und auf die Schulter klopfen wird. Aber vielleicht täuschen wir uns. Vielleicht sind es *unsere* Auslegungen, die unrichtig sind. Vielleicht wird Jesus genau das tun, was er gesagt hat, und uns genauso richten, wie wir andere gerichtet haben.

Die frühchristlichen Schriften geben uns einen Bezugspunkt

Wie viele Christen, glaube auch ich, dass die Bibel die einzige inspirierte und unfehlbare Quelle der Autorität für einen Christen darstellt. Dennoch sind wir bibelgläubige Christen nun in mehr als 22.000 verschiedene Kirchen, Sekten und Konfessionen zersplittert.[205] Der Grund für diese Spaltungen ist im Allgemeinen *nicht* darin zu finden, dass Christen die Bibel für ihre eigenen Zwecke boshaft verdreht hätten. Vielmehr können manche Bibelstellen bei aller Aufrichtigkeit verschieden verstanden werden. Wir sind unvollkommene Menschen.

Die Folge davon ist, dass selbst bibelgläubige Christen gezwungen sind, sich zusätzliche Quellen der Autorität zu suchen: Publikationen der jeweiligen Konfession, Pastoren, Seminare, Bibelkommentare, konfessionelle Hierarchie, Tagungen, Glaubensbekenntnisse und evangelikale Traditionen. Aber wie wertvoll sind diese zusätzlichen Quellen der Autorität? Weiß ein Seminar wirklich mehr als ein anderes? Woher weiß ich, dass mein Pastor richtig liegt und ein anderer falsch? Woher weiß ein Bibelkommentator aus dem 17. Jahrhundert wie Matthew Henry, was die Apostel wirklich meinten?

Gerade hierbei könnten die frühchristlichen Schriften eine unschätzbare Hilfe für eine bibelgläubige Gemeinde sein. Diese Schriften sind nicht inspiriert, und sie behaupten auch nicht von sich, inspiriert zu sein. Die frühchristlichen Schreiber stellten ihre

---

[205] Jeffrey L. Sheyer, Reuniting the Flock, U.S. News & World Report, March 4, 1991, S 50

Werke niemals auf die gleiche Stufe mit der Heiligen Schrift, und das sollten wir auch nicht tun. Aber wir *können* durch ihre Schriften wissen, was Christen kurz nach der Zeit der Apostel glaubten. Das gibt uns einen Bezugspunkt, der bei weitem all das übertrifft, was Seminare, Kommentare oder Lehrer des 21. Jahrhunderts bieten können. Da *wir* uns offenbar nicht darüber einigen können, was die Bibel genau lehrt, sollten wir zumindest demütig genug sein, um uns die Auslegungen der frühen Christen anzuhören – zumal *sie* sich über die Grundlehren einig *waren*.

Aber wenn wir die frühen Christen als Bezugspunkt heranziehen, müssen wir ehrlich mit ihnen umgehen. Manche Konfessionen zitieren sehr selektiv von der frühen Kirche, um die eigene Sichtweise zu untermauern. Während sie das tun, beteuern sie, dass das Zeugnis der frühen Christen ein starker Beweis dafür ist, was die Christen im Neuen Testament glaubten. Wenn allerdings dieselben Konfessionen mit anderen frühchristlichen Überzeugungen konfrontiert werden, die ihren eigenen Lehren widersprechen, gilt dies auf einmal nicht mehr. Was die frühen Christen glaubten, ist plötzlich unwichtig. Anders gesagt haben die frühchristlichen Schriften nur dann Autorität, wenn sie mit unseren Überzeugungen übereinstimmen, aber wenn nicht, sind sie irrelevant. Nun, wie ehrlich ist das? Suchen wir wirklich nach Gottes Wahrheit, wenn wir so eine widersprüchliche Haltung einnehmen?

Einheit in den Grundsätzen

Es ist aus den Schriften der frühen Christen klar ersichtlich, dass es einen Kern an Glaubensüberzeugungen und Praktiken gab, die von den Aposteln weitergegeben wurden. Die frühe orthodoxe Christenheit akzeptierte universell diese Grundüberzeugungen und Praktiken. Gleichzeitig gab es natürlich vieles, was die Apostel der gesamten Kirche nie erklärten – und vielleicht nicht einmal einzelnen Personen. In diesen Bereichen gab es eine erhebliche Vielfalt an Denkweisen unter den frühen Christen. Trotzdem spalteten sie sich wegen dieser Themen nicht in eine Unmenge an Sekten und Gruppierungen. In Wahrheit gab es sehr wenig Gezänk darüber.

Justinus der Märtyrer glaubte zum Beispiel, dass viele biblische Prophezeiungen sich während des Tausendjährigen Reiches wortwörtlich erfüllen würden. Aber viele frühe Christen glaubten anders. Beachten Sie bitte Justinus' friedfertigen Geist, während er seine Ansichten über das Tausendjährige Reich mit einer Gruppe Juden diskutierte: „Ich habe nun auch schon früher dir erklärt, dass noch viele andere mit mir diese Anschauung haben; uns ist es also ganz gewiss, dass die Zukunft sich so gestalten wird. Dass aber andererseits auch unter den Christen der reinen und frommen Richtung viele diese Anschauung nicht teilen, habe ich dir angedeutet".[206] Dieser friedfertige, aufgeschlossene Geist war typisch für die meisten frühen Christen. Sie ließen sich ihre

---

[206] Justinus, Dialog mit dem Juden Trypho, Kp 80 (Text nach BKV)

christliche Einheit nicht durch unterschiedliche Sichtweisen über Nebensachen zerstören.

Obwohl diese Christen in ihrem Gehorsam gegenüber Christus keine Kompromisse machten, waren sie sehr undogmatisch in Themen, zu denen die Apostel nicht klar Stellung bezogen hatten. Wir würden wohl daran tun, ihren friedfertigen Geist nachzuahmen.

Das heutige Christentum neu bewerten

Nachdem ich die frühchristlichen Schriften studiert hatte, trat ich einen Schritt zurück und überprüfte mein eigenes Glaubensleben. Wie ich zuvor schon erwähnte, bin ich nach heutigen Maßstäben ein ziemlich hingegebener Christ. Aber nach den Maßstäben der ersten Christen bin ich ein geistlicher Schwächling. So musste ich mich selbst fragen: „Wie sieht *Gott* mich?"

Vielleicht müsste sich die gesamte Christenheit dieselbe Frage stellen. Wie sieht Gott die heutige Kirche? Lächelt er wohlwollend über uns und überschüttet uns mit Segnungen – oder sieht er uns als eine weltliche und abtrünnige Kirche? Wenn Jesus uns heute einen Brief schriebe, würde er zu uns wie zu der Gemeinde in Smyrna sprechen: „Ich kenne deine Drangsal und deine Armut – du bist aber reich"? Oder würde er seine Worte an die Gemeinde in Laodizea wiederholen: „Du sagst: Ich bin reich und bin reich geworden und brauche nichts, und [weißt] nicht, dass du der Elende und bemitleidenswert und arm und blind und bloß bist"? (Offenbarung 2,9; 3,17)

Heutzutage gibt es viele Christen, die behaupten, wir würden in einer neuen Ära des Christentums leben. Sie sagen, Gott hat begonnen, die Kirche mit materiellem Wohlstand, Wundern und weiteren Segnungen zu überschütten, die der Kirche während der letzten zweitausend Jahre irgendwie vorenthalten wurden.

Natürlich ist es möglich, dass Gott aus irgendeinem Grund die heutige Kirche mit besonderen Segnungen überschüttet. Aber wenn ich mir die vergangene Geschichte anschaue, halte ich es für äußerst unwahrscheinlich, dass er das tut. Viel wahrscheinlicher ist es, dass wir uns einfach selbst betrügen. Warum sollte Gott ausgerechnet den hingegeben Christen in der frühen Kirche ein Kreuz des Leidens auferlegen, während er die heutigen Christen mit materiellem Wohlstand, Wunderheilungen und anderen fleischlichen Freuden überschüttet? Bitte verstehen Sie mich nicht falsch. Ich leugne nicht, dass Gott Wunder vollbringt. Es gibt Aufzeichnungen von Wundern und Wunderheilungen in der frühen Kirche. Aber das waren unübliche Ereignisse, und die Kirche hat sie nicht übermäßig betont.

Heutige Kirchen, die materiellen Segen, Heilungen und Wunder betonen, wachsen explosiv an der Mitgliederzahl. Aber ist ein solches Wachstum wirklich ein Hinweis auf Gottes Zustimmung? Erinnern Sie sich: Die Kirche wuchs nahezu zehnmal schneller *nach* der Bekehrung Konstantins als zuvor. Sie wuchs dabei aber nicht in der Heiligung, sondern bloß in ihrer Mitgliederanzahl. Jesus warnt uns: „Viele werden an jenem Tage zu mir sagen: Herr, Herr! Haben wir nicht durch *deinen* Namen geweissagt und durch *deinen* Namen Dämonen ausgetrieben und durch *deinen* Namen viele Wunderwerke getan? Und dann werde ich ihnen bekennen:

Ich habe euch niemals gekannt. Weicht von mir, ihr Übeltäter!" (Matthäus 7,22-23).

Auch unter stärker traditionell orientierten Evangelikalen ist Gemeindewachstum zu einer fixen Idee geworden. Methoden, die schnelles Wachstum versprechen, werden von einer Gemeinde nach der andern übernommen. Der letzte Schrei momentan in meiner Gegend sind zum Beispiel millionenschwere Gemeinde-Erholungs-Zentren, genannt „Family Life Centers". Soweit ich es beobachten kann, wachsen Gemeinden mit dem teuren Erholungszentrum viel schneller als die ohne. Na und? Die Kirche im 4. Jahrhundert bewies, dass menschliche Methoden erfolgreich eingesetzt werden können, um eine größere Kirche zu schaffen. Aber die Kirche im 4. Jahrhundert konnte nicht beweisen, dass wir durch menschliche Methoden eine *bessere* Kirche schaffen können.

Für eine Rückkehr ist es nicht zu spät

Das Christentum war ursprünglich eine Revolution, die die Haltungen, den Lebensstil und die Werte der antiken Welt in Frage stellte. Es war mehr als ein paar Lehrgrundsätze – es war ein ganzer Lebensstil. All die militärischen, wirtschaftlichen und sozialen Kräfte der römischen Welt konnten es nicht aufhalten. Aber nach 300 Jahren erstarrte diese Revolution teilweise.

Sie wurde schiffbrüchig, weil die meisten bekennenden Christen ihr gehorsames Vertrauen in Gott verloren. Sie bildeten sich ein, das Christentum mit menschlichen Mitteln verbessern zu können, indem sie weltliche Methoden übernahmen. Aber sie verbesserten das Christentum nicht; sie höhlten es aus.

Es gibt im ländlichen Texas ein Sprichwort: „Wenn's nicht kaputt ist, reparier's nicht." Mit anderen Worten: Versuche nicht etwas zu verbessern, an dem alles in Ordnung ist. Die „Verbesserung" endet meist mit einem Schaden an der Sache.

Dem frühen Christentum hatte nichts gefehlt. Es bedurfte keiner „Reparatur". Aber die Christen des 4. Jahrhunderts wurden überzeugt, dass sie das Christentum verbessern könnten. „Wenn Christentum materiellen Segen und Wohlstand bedeutet, statt Leiden und Entbehrung, dann können wir die ganze Welt bekehren", überlegten sie. Aber letztendlich bekehrte die Kirche nicht wirklich die Welt, sondern die Welt bekehrte größtenteils die Kirche.

Bis jetzt haben die Lektionen aus der Geschichte die heutigen Christen nicht überzeugen können. Die Kirche ist nach wie vor mit der Welt verkuppelt, und Christen glauben immer noch, sie könnten das Christentum durch menschliche Mittel verbessern. Aber das Christentum wird nicht *verbessert*, solange die Kirche nicht zu der schlichten Heiligkeit, der aufrichtigen Liebe und dem Tragen des Kreuzes zurückkehrt, wie die frühen Christen es taten. Unsere Scheidung von der Welt ist längst überfällig, und dies wäre eine Scheidung, auf der eindeutig Gottes Segen ruhen würde.

Das Kreuz und das revolutionäre Banner der ersten Christen liegen noch dort, wo die ersten Märtyrer sie liegen ließen. Es ist noch nicht zu spät für die Kirche, zurückzukehren, sie aufzuheben und wieder zu tragen.

Biographisches Verzeichnis

Anmerkung: Jahresangaben für die vornizäischen Schreiber sind ungefähr.

ALEXANDER, 273-326. Bischof der Gemeinde in Alexandria, Ägypten, als der Streit um Arius ausbrach, der die Kirche stark spaltete und zu dem Konzil von Nizäa führte. Er war ein starker Gegner von Arius' Ansichten.

APOLLONIUS, 175-225. Schrieb ein kurzes Werk gegen die Montanisten. Sonst ist wenig über ihn bekannt.

ARCHELAUS, 250-300. Bischof, der eine öffentliche Debatte mit dem gnostischen Lehrer Manes austrug. Eine angebliche Niederschrift dieser Debatte ist in der englischen Ausgabe der frühchristlichen Schriften, The Ante-Nicene Fathers, zu finden.

ARIUS, 270-336. Presbyter in der Gemeinde in Alexandria. Er stritt mit seinem Bischof Alexander über das Wesen Christi. Arius lehrte fälschlicherweise, dass Jesus eine andere Wesenheit hatte als der Vater und aus dem Nichts geschaffen wurde. Seine Ansichten wurden bei dem Konzil von Nizäa verurteilt.

ARNOBIUS, 260-303. Christlicher Apologet, der kurz vor der Regierungszeit von Konstantin schrieb. Laktanz war einer seiner Schüler.

ATHANASIUS, 300-373. Bischof von Alexandria nach dem Tod von Alexander. Er schrieb mehrere theologische Abhandlungen und war einer der stärksten Fürsprecher für das nizäische Glaubensbekenntnis.

ATHENAGORAS, 150-190. Christlicher Apologet, der vor seiner Bekehrung ein griechischer Philosoph war. Er ist der Verfasser einer um 177 n. Chr. an den Kaiser Marcus Aurelius und seinen Sohn Kommodus gerichteten Verteidigungsschrift.

AUGUSTINUS, 354-430. Bischof der Gemeinde in Hippo Regius, Nordafrika. Er ist der Vater der westlichen Theologie.

BARNABAS, vor 150. Angeblich Autor eines allgemeinen Briefes, der nach ihm benannt wird und der unter den frühen Christen weite Verbreitung fand. Möglicherweise dieselbe Person wie der wohlbekannte Gefährte des Apostel Paulus, aber das ist unter Gelehrten sehr umstritten.

CAIUS, 180-217. Presbyter in der Gemeinde in Rom. Er schrieb einige Werke gegen die größten Irrlehren seiner Zeit.

CALVIN, John, 1509-1564. Französischer Theologe und Prediger, der sich in Genf in der Schweiz niederließ. Er wurde der Anführer der Reformation, die dort begonnen hatte. Er ist der Begründer der Reformierten Kirchen und der presbyterianischen Lehre.

CELSUS 125-175. Römisch-heidnischer Philosoph, der einen glühenden Angriff gegen Christen verfasste, welcher später hervorragend von Origenes beantwortet wurde.

CLEMENS von Alexandria, 150-200. Presbyter in der Gemeinde in Alexandria in Ägypten. Er war mit der Leitung einer Schule für neubekehrte Christen betraut. Origenes war einer seiner Schüler.

CYPRIAN, 200-258. Bischof der Gemeinde in Karthago, Nordafrika, während einer heftigen Verfolgung. Er sorgte für die Gemeinde über ein Jahrzehnt im Untergrund, bis er von den

Römern gefangen und hingerichtet wurde. Viele Briefe, die er schrieb oder empfing, sind erhalten geblieben.

EUSEBIUS, 270-340. Bischof der Gemeinde in Cäsarea während der Regierungszeit Konstantins. Er schrieb eine umfassende Geschichte der Kirche, welche dem Christentum von seinen Anfängen in Jesu Tagen bis zur Regierungszeit Konstantins nachgeht.

FELIX, Marcus Minucius, 170-215. Römischer Jurist, der zum Christentum konvertierte. Er schrieb eine der besten Verteidigungsschriften der frühen Christen, in der Form eines Dialoges zwischen einem Christen und einem Ungläubigen.

GNOSTIKER. Die vorherrschende Gruppierung an Irrlehrern zur Zeit der ersten Christen. Gnostizismus begann während der Lebenszeit des Apostels Johannes und bestand unter verschiedenen Namen fort bis ins Mittelalter. Obwohl viele verschiedene Lehrtraditionen unter den Gnostikern existierten, gibt es einige Lehrsätze, die alle charakterisieren: (1) Anspruch auf ein besonderes Wissen (Gnosis) von Gott; (2) der Glaube, dass die Menschen von einem minderwertigem Gott geschaffen wurden; und (3) die Lehre, dass der Sohn Gottes nicht leibhaftig Mensch wurde.

GREGOR von Nazianz, 325-391. Theologe des 4. Jahrhunderts, der oft als einer der „drei großen Kappadozier" bezeichnet wird. Er schrieb einige Abhandlungen über den Heiligen Geist und war maßgeblich an der Formation der christlichen Dreieinigkeitslehre beteiligt.

HERMAS, vor 150. Autor eines allegorischen Werkes „Der Hirte", welches unter den frühen Christen große Verbreitung fand und hoch geschätzt wurde. Manche der ersten Christen glaubten, dass der Autor die Person ist, auf die sich Paulus in Römer 16,14 bezieht, aber ihre Aussagen können nicht nachgeprüft werden.

HIPPOLYTOS, 170-236. Gemeindeleiter, Autor, Märtyrer und Schüler von Irenäus. Sein wichtigstes Werk heißt „Refutatio omnium haeresium" („Die Widerlegung aller Irrlehren").

IGNATIUS, 50-100, Bischof der Gemeinde in Antiochien und persönlicher Jünger des Apostels Johannes. Er wurde Ende des ersten Jahrhunderts hingerichtet.

IRENÄUS, 120-205. Bischof in Lyon, Frankreich, und ein Schüler Polykarps.

JUSTINUS der Märtyrer, 110-165. Philosoph, der zum Christentum konvertierte und zu einem unermüdlichen Evangelisten wurde. Seine Werke sind die ersten noch bestehenden christlichen Apologien (Verteidigungsschriften). Er wurde 165 während der Regierungszeit des Kaisers Marcus Aurelius hingerichtet.

KLEMENS von Rom, 30-100. Römischer Bischof im ersten Jahrhundert und offenbar ein Gefährte von Petrus und Paulus (Philipper 4,3). Er schrieb einen Brief an die Korinther kurz vor dem Ende des ersten Jahrhunderts.

KONSTANTIN, 274-337. Römischer General, der 312 Herrscher über die westliche Hälfte des Römischen Reiches wurde und den Sieg über seine Rivalen dem Gott der Christen zuschrieb. Er erließ 313 das Toleranzedikt von Mailand, mit dem erstmals das Christentum rechtlich anerkannt wurde. Er berief 325 das Konzil von Nizäa ein.

LAKTANZ, 260-330. Berühmter römischer Lehrer der Rhetorik, der später zum Christentum konvertierte. Er wohnte in Frankreich, wo er der Lehrer von Konstantins Sohn wurde. Sein christliches Hauptwerk heißt „Divinae institutiones" („Die göttliche Ordnung" oder „Einführung in die wahre Religion")

LUTHER, Martin 1483-1546. Deutscher Mönch, der die Reformation in Gang setzte. Obwohl er die Römisch-Katholische Kirche ursprünglich nur bezüglich des Ablasshandels anprangerte, stellte er letztendlich viele ihrer Lehren in Frage, wie die Errettungslehre, die Autorität der Schrift, die Verwendung von Ikonen und Reliquien und private Totenmessen. Er ist der Begründer der lutherischen (evangelischen) und der evangelikalen Theologie.

MARCION, 110-165. Bekannter Irrlehrer des zweiten Jahrhunderts, der seine eigene Kirche gründete und ein eigenes Neues Testament festlegte.

METHODIUS, 260-315. Aufseher von Tyros und Märtyrer, der gegen die übertriebenen Spekulationen von Origenes schrieb.

ORIGENES, 185-255. Lehrer in der Gemeinde von Alexandria und erster Verfasser von Bibelkommentaren. Er war ein Schüler von Clemens von Alexandria und übernahm von ihm die Schule für neubekehrte Christen, nachdem Clemens fliehen musste.

PELAGIUS, 360-420. Britischer Mönch und reisender Evangelist, der die menschlichen Werke und den freien Willen so sehr betonte, dass die Rolle der Gnade in der Errettung nahezu ausgeschlossen wurde. Seine Lehren wurden von Augustinus stark angegriffen.

POLYKARP, 69-156. Bischof der Gemeinde in Smyrna und Gefährte des Apostels Johannes. Er wurde im hohen Alter gefangen genommen und lebendig verbrannt.

SIMONS, Menno, 1492-1559. Römisch-Katholischer Priester aus Westfriesland, der sich der Wiedertäufer-Bewegung anschloss und schließlich deren Leitfigur und bedeutendster Schreiber wurde.

TERTULLIAN, 140-230. Leiter in der Gemeinde in Karthago, Nordafrika, und einer der ersten christlichen Autoren, die in Latein schrieben. Er verfasste einige Verteidigungsschriften, Werke gegen Irrlehrer und Unterweisungen für Christen. Später schloss er sich einem Zweig der montanistischen Sekte an.

TETZEL, Johann, 1465-1519. Dominikanischer Ordensbruder und charismatischer Ablasshändler. Seine Behauptungen bezüglich der Wirkung von Ablassbriefen veranlasste Martin Luther zu einer Konfrontation, welche schließlich die Reformation entzündete.

TOLERANZEDIKT von Mailand, 313. Dieses Edikt wurde von Konstantin I., Kaiser des Weströmischen Reiches, und Licinius, Kaiser des Oströmischen Reiches, gemeinsam erlassen. Dadurch wurde das Christentum erstmals rechtlich anerkannt.

David Bercot und Scroll Publishing

Der Autor

David W. Bercot, geboren 1950, begann seine Berufslaufbahn 1980 als Rechtsanwalt. Er erhielt den Bachelor an der Stephen F. Austin State University summa cum laude und den Doktor der Rechtswissenschaften an der Baylor University. Später, im Zuge seiner geistlichen Suche, schloss er ein Theologiestudium an der University of Cambridge ab. David Bercot ist ein Mitglied der North American Patristic Society. Er lebt mit seiner Familie in Pennsylvania.

Im Alter von 26 Jahren verließ er die Zeugen Jehovas, wo er aufgewachsen und zu einem Leiter avanciert war, aufgrund von offenkundigen Unstimmigkeiten zwischen dem Wortlaut der Bibel und den Lehren der Wachtturmgesellschaft. Das schickte ihn und seine Familie auf eine langjährige Suche nach einer Antwort auf die Frage „Was ist der historische christliche Glaube?". 1985 begann er seine Recherchen, indem er alle verfügbaren Schriften der vornizäischen Kirche studierte. Das beantwortete nicht nur viele theologische Fragen, sondern forderte vor allem sein Leben grundlegend heraus. Auf Anregung einiger Freunde fasste David Bercot seine Entdeckungen in dem Buch

„Will the Real Heretics Please Stand Up" (dt. „Zurück zum Start") zusammen.

Dieses Buch erregte in den USA einige Aufmerksamkeit und wurde der Grundstein für seinen Verlag „Scroll Publishing", der das Ziel verfolgt, die Schriften und das Vorbild der frühen Christen einem großen Publikum verfügbar zu machen. Er verfasste eine Reihe weiterer Bücher, u.a. das „Dictionary of Early Christian Beliefs" (1998), ein thematisches Nachschlagewerk, welches die zehnbändige Reihe „Ante-Nicene Fathers" begleitet. David Bercot ist ein gefragter und erfrischend undogmatischer Redner, dem es gelingt, Kirchengeschichte lebendig zu machen und in unser Leben zu übertragen.

David Bercot ist mit seiner Familie in einer christlichen Gemeinde beheimatet, welche Lehren und Lebensstil der Täuferbewegung betont (vgl. Kap. 18). Immer wiederkehrendes Hauptmotiv in Bercots Vorträgen sind: Die gehorsame Glaubens- und Liebesbeziehung zum Herrn Jesus, sowie die Notwendigkeit, die Aussagen der Heiligen Schrift in ihrer Gesamtheit ernst und wörtlich zu nehmen. Tun wir das, so gelangen wir fast unweigerlich zu denselben Überzeugungen und Lebensstil der frühen Christen.

Seine Homepage ist: http://davidbercot.com

Scroll Publishing

Um die Schriften der frühen Christen möglichst vielen Menschen zugänglich zu machen, gründete David Bercot den Verlag „Scroll Publishing" – www.scrollpublishing.com

Zur Vertiefung der in diesem Buch dargestellten Thematik möchte ich besonders folgende Produkte empfehlen:

A Dictionary of Early Christian Beliefs

David stellte zu über 700 Themen Aussagen der frühen Christen zusammen, die zeigen, wie die vornizäische Kirche glaubte und lebte. Was dachten sie über die Taufe? Wie bewerteten sie die Apokryphen? Glaubten sie an die Dreieinigkeit? Was lehrten sie über den Krieg? ... Die Zitate haben eine Referenzangabe zum 10-Bändigen Werk „Ante-Nicene Fathers", welches ebenfalls bei Scroll Publishing bezogen werden kann.

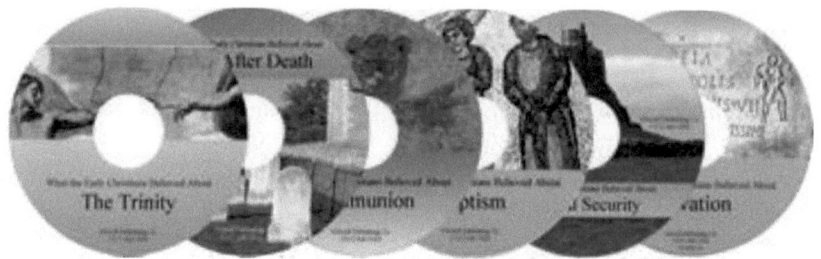

The Six Basic Doctrines

Insgesamt hat David Bercot weit über 50 Vortrags-CDs aufgenommen, die ein sehr breites Spektrum frühchristlicher Lehre abdecken. Die sechs Grundlehren umfassen:

Was glaubten die frühen Christen über

- Die Errettung
- Die Taufe
- Die Heilsgewissheit
- Die Kommunion (Abendmahl)
- Das Leben nach dem Tod
- Die Dreieinigkeit

Die Vorträge sind alle auf Englisch und auch als mp3-Download zu erwerben.

Der Verlag dient auch dazu, ein Hilfswerk in Honduras, einem der ärmsten Länder Mittelamerikas, zu unterstützen:

Honduras Ministry

Micro-loans: Enabling the Poor to Help Themselves

We firmly believe that, in helping the poor, Christians should use their funds wisely so that the most people are helped with each dollar they give. Trial and error has repeatedly demonstrated that making interest-free micro-loans to the poor to enable them to expand their small businesses is the most efficient way to help them. There are several reasons why:

In most developing countries, the poor are trapped in a downward spiral. As the saying goes, The rich get richer and the poor get poorer. The reason for this can be summed up in one word: capital. The rich have it. The poor don't. It takes capital to reverse the downward spiral of poverty and to begin an upward spiral. A micro-loan makes that capital available to the poor.

Although the income derived from microbusinesses is small, the cost of living for those running such businesses is also small. As a result, just a small amount of credit can provide a significant percentage increase in earnings and make a major difference in these peoples' lives.

Microcredit enables the poor to build a decent life. It enables them to shed the old hand-out mentality the revolving cycle of poverty that goes with it. Micro-loans enable the poor, with God's help, to stand on their own feet through their own hard work. Unlike many other secular and Christian microloan programs, we charge no interest on our loans. Those of us who work at the administration end of this program in the United

States, work without pay. That way, 100% of your donations to the Honduras ministry goes directly to the work in Honduras.

Unlike one-time gifts, the funds used for micro-loans are not exhausted once made. Instead, the same money is recycled and used to make indefinite micro-loans to others.

http://www.scrollpublishing.com/store/Honduras.html